EIN BUSINESS, DAS LÄUFT

ALS SELBSTSTÄNDIGER DIENSTLEISTER
6-STELLIG VERDIENEN

ROMAN KMENTA

Impressum

© 2021 Roman Kmenta, Forstnergasse 1, A-2540 Bad Vöslau – www.romankmenta.com

1. Auflage 04/2021

Umschlaggestaltung: VoV media
Coverfoto: Matern / Wien
Layout: VoV media
Illustration: VoV media
Lektorat/Korrektorat: VoV media

Verlag: VoV media – www.voice-of-value.com

Inhaltsverzeichnis

Bonus:
Kompaktkurs
„Endlich höhere Honorare"

Holen Sie sich hier den Kompakt-Audiokurs „Endlich höhere Honorare" im Wert von € 19 für Sie als Leser kostenlos.

Darin enthalten sind 5 konkrete und für Ihr Business umsetzbare Strategien, wie Sie höhere Honorare fordern und auch erzielen können.

Hier geht es zum kostenlosen Download >>
https://www.romankmenta.com/ebdl-dienstleister-buch/

1.

Vorwort und Vorstellung

Liebe Leserin, lieber Leser,

da wir uns möglicherweise noch nicht kennen, halte ich es für höflich, mich kurz vorzustellen.

Mein Name ist Roman Kmenta und ich bin Unternehmer. Ich selbst habe in meinem Berufsleben, zuerst als Angestellter und dann in meiner Unternehmerlaufbahn, schon mehrere dramatische Fortschritte erlebt. Aber es gab auch Phasen, in denen ich auf der Stelle trat und scheinbar nichts weiterging. Solchen Durststrecken folgten dann aber immer wieder deutliche Wachstumsschübe.

Während meiner Konzernkarriere, die mich zuerst als Verkäufer und Key Account Manager und danach als Mitglied der Geschäftsführung in mehr als sechs Länder und verschiedenste Branchen im B2B und B2C Bereich geführt hat, habe ich für bekannte Namen wie Samsonite oder Opel Businesses im zwei- und dreistelligen Millionenbereich europaweit erfolgreich auf- und ausgebaut. Dabei habe ich auch immer wieder Dinge getan, die ich heute definitiv so nicht mehr tun würde und viel daraus gelernt.

Mein Start als Unternehmer war als Franchisenehmer in einem Franchisesystem für Verkaufstraining. Der Anfang war zäh, doch durch Anwendung der Prinzipien und Strategien, die ich in den letzten Jahren verfeinert und zur Wertpyramide-Strategie ausgebaut habe, gelang es mir in meinem dritten Jahr als Unternehmer im Trainingsbereich einen Umsatz von mehr als einer ½ Million € zu erzielen. Das war bei weitem der höchste, der im ganzen Franchise-System bis dahin erzielt wurde.

Inzwischen sind es sechs Unternehmen in Deutschland und Österreich geworden – alle im Dienstleistungsbereich – von denen ich einige erfolgreich aufgebaut (mit 6- bzw. 7-stelligen Umsätzen) und dann verkauft habe, weil es genau das ist, was mir Spaß macht: Ideen in Vertrieb und Marketing Realität werden zu lassen und Unternehmen und Vertriebsorganisationen auf- und auszubauen. Und das mache ich nach wie vor, doch nicht nur für mich selbst.

Seit fast 20 Jahren unterstütze ich andere Unternehmen und Unternehmer dabei, ihre Umsätze auszubauen und vor allem mehr Gewinn zu erzielen. Und ich helfe Selbstständigen, ihr Einkommen auf ein ganz neues Level zu heben und ihr Business in ein Business, das läuft, zu transformieren.

In den letzten beiden Jahrzehnten waren noch lange nicht alle Dienstleistungsbranchen dabei, aber mehr als ein

Dutzend verschiedene in jedem Fall: Trainer, Berater, Coaches, Versicherungsberater, Finanzdienstleister, Texter und Journalisten, Immobilienmakler, Grafiker, Schönheitschirurgen, IT-Dienstleister und Webdesigner sowie Fitness- und Personal Trainer.

Ich halte als Keynote Speaker Vorträge und Reden, schreibe Bücher und Beiträge in Fachmagazinen, betreibe einen wöchentlichen Podcast und einen Blog mit mehr als 25.000 Lesern bzw. Hörern pro Monat. Ich berate Unternehmen, coache Unternehmer, hole Klienten aus der Komfortzone und mache ihnen Mut immer wieder aufzustehen und weiter zu machen.

Mehr über mich bzw. von mir finden Sie auf meiner Website www.romankmenta.com – besuchen Sie mich! Dort finden Sie auch jede Menge nützlicher Ideen und Strategien in meinen

- Blogbeiträgen
  (https://www.romankmenta.com/blog/) und

- Podcasts
  (https://www.romankmenta.com/podcast/).

Ich bin in der sehr glücklichen Lage, die allermeiste Zeit über das tun zu dürfen, wofür ich wirklich brenne, und es bereitet mir immens viel Freude zu sehen, wie das, was ich mit meinen Kunden umsetze, bei diesen messbare Erfolge bewirkt.

Doch das Beste daran ist möglicherweise, dass sich mein Einsatz für meine Kunden durch den wachsenden wirtschaftlichen Erfolg von selbst bezahlt macht.

Und damit genug der Vorstellung und der einleitenden Worte. Wir wünschen Ihnen beim Lesen dieses Buches gute Unterhaltung und viele spannende Ideen für Ihr Geschäft.

Und damit wünsche ich Ihnen viele spannende Ideen für Ihr Geschäft beim Lesen dieses Buches.

Ihr

Bevor Sie starten – Zugang zum exklusiven Leserbereich

Werfen Sie einen Blick auf die Ressourcenseite im speziell für dieses Buch eingerichteten Leserbereich: https://www.romankmenta.com/ebdl-dienstleister-buch/

Dort finden Sie:

- eine Sammlung von zusätzlichen kostenlosen E-Books und Checklisten mit weiterführenden Informationen, die Ihnen die Arbeit mit dem Inhalt enorm erleichtern
- Links zu thematisch passenden und vertiefenden Blogbeiträgen und Büchern
- Links zu Podcasts und Videos
- eine Sammlung von Software- und anderen Tools, die Sie bei der Umsetzung der Inhalte unterstützen
- Hinweise auf Veranstaltungen zum Thema

2.

So holen Sie das
Maximum aus Ihrem Buch

Das Strategiebuch für Gründer und erfahrene Dienstleister

Dieses Buch ist perfekt für Gründer. Sie sollten das Buch lesen, bevor Sie die ersten Schritte in die Selbstständigkeit als Dienstleister gehen. Es gibt Ihnen einen guten strategischen Leitfaden an die Hand und hilft Ihnen, grundlegende Fehler zu vermeiden.

Aber auch, wenn Sie bereits selbstständig sind und Ihr Business schon länger betreiben, sind das Buch und die darin beschriebenen Strategien perfekt für Sie. Erfahrungsgemäß schleichen sich in einem Business im Laufe der Zeit Dinge und Vorgehensweisen, aber auch Kunden und Angebote ein, die so nicht geplant und die so auch nicht gewollt waren.

Manchmal merken Sie, dass etwas nicht stimmt oder nicht optimal ist, an folgenden Signalen:

- Immer mehr Kunden wollen immer weniger bezahlen.

- Sie schreiben viele Angebote, erhalten aber zu wenige Aufträge.

- Es fällt Ihnen schwer, neue Kunden zu gewinnen.

- Sie arbeiten rund um die Uhr, verdienen aber dennoch zu wenig.

Wenn Sie das eine oder andere Signal kennen, finden Sie auf den kommenden Seiten Gründe, aber auch Lösungen dafür.

Dieses Buch hilft Ihnen, einen kritischen Blick auf Ihr Business zu werfen, es zu analysieren – von Grund auf und Schritt für Schritt – sowie Veränderungen einzuleiten.

Worum geht es in diesem Buch? Und worum nicht?

In diesem Buch geht es darum, Ihnen eine Struktur, einen Plan an die Hand zu geben, wie Sie Ihr Business als starten, aufbauen oder auch ausbauen können – und das möglichst solide und nachhaltig.

Sie finden hier keine Anleitungen für den (scheinbar) schnellen Onlineerfolg à la „Entwickle ein digitales Produkt, bewirb es über Facebook, und in spätestens 3 Monaten hast du einen Monatsumsatz von 10.000 € oder mehr". Onlineprodukte und -strategien spielen natürlich eine Rolle – gerade für Dienstleister –, sind aber nicht das

Fundament Ihres Geschäftes, sondern maximal eine mögliche Produkt- und Vermarktungsstrategie.

Wenn man Ihr Business mit einem Baum vergleichen würde, dann geht es in dem Buch darum, einen möglichst kräftigen und gut verwurzelten Stamm und einige starke und tragfähige Äste auszubilden. Die Zweige und Blätter sind enorm wichtig, aber brauchen stabile Äste. Je nachdem welche Art von Baum es werden soll, gibt es unzählige Arten von Zweigen und Blättern. Diese alle zu beschreiben würde ein einzelnes Buch bei weitem sprengen.

Und es geht natürlich gar nicht darum, wie Sie mit Ihren Klienten noch erfolgreicher an deren Zielen arbeiten. Eine Topleistung in diesem Bereich ist zwar eine wichtige Basis für Ihren wirtschaftlichen Erfolg, aber diese wird von dem vorliegenden Buch vorausgesetzt.

„Erfolg = Leistung x Kommunikation^2"

Einer meiner Lehrer sagte einmal, dass Erfolg „das Ergebnis aus Leistung mal Kommunikation zum Quadrat" ist. Das kann ich mehr als nur unterstreichen. Die Leistung muss mindestens eine Eins sein, sonst sieht es rechnerisch schlecht aus für den Erfolg. Doch aufgrund des Quadrats ist viel entscheidender, *wie* Sie Ihre Leistung kommunizieren. Und genau das ist der Inhalt dieses Buches: Ihre Leistung strahlen zu lassen.

Dieses Buch ist viele Bücher

In diesem Buch habe ich für Sie die grundlegenden und wichtigsten Strategien für den Aufbau und den Ausbau Ihres Geschäftes als erklärt und aufgelistet.

Nachdem aber in jedem Bereich Ihres Geschäftes die Welt in den letzten Jahren sehr viel komplexer und vielfältiger sowie das Angebot an technologischen Tools und Vorgehensweisen sehr viel umfangreicher geworden ist und einer ständigen Weiterentwicklung unterliegt, ist es unmöglich, in einem Buch alles bis ins kleinste technische Detail abzudecken.

Daher finden Sie zusätzlich folgende Informationen:

- Links zu thematisch passenden und vertiefenden Blogbeiträgen
- Links zu Podcasts und Videos
- Verweise auf kostenlose E-Books und Checklisten mit weiterführenden Informationen
- Empfehlungen für Bücher (von mir und anderen Autoren), die zu einzelnen Themen Spezialwissen bieten
- Empfehlungen für Tools zur Umsetzung der einzelnen Strategien

So betrachtet steckt in diesem Buch noch viel mehr drin als nur das, was gedruckt ist. Es ist auch eine Plattform für Ihren Businesserfolg.

Unbedingt Ideen festhalten

Ich habe es mir zur Angewohnheit gemacht, die interessantesten Tipps und Ideen in einem Buch zu markieren. In einem gedruckten Buch mache ich das mit Leuchtstiften und Klebemarkierstreifen.

In einem E-Book gibt es die Möglichkeit, Passagen zu markieren und diese Markierungen per E-Mail zu versenden. Auf diese Weise habe ich alle interessanten Ideen auch gleich in elektronischer Form fertig zur Weiterverarbeitung. Diese Vorgehensweise lege ich jedem Leser ans Herz, da sie sich für mich selbst als sehr praktisch erwiesen hat.

Mehr dazu, wie Sie mit diesen Ideen weiter vorgehen, damit Sie diese nicht verlieren, sondern umsetzen, erfahren Sie am Ende des Buches.

Hinweis in eigener Sache

An dieser Stelle sei darauf hingewiesen, dass ich für die Empfehlung mancher Bücher oder auch Tools bzw. Kurse Provisionen erhalte, so Sie eines dieser Bücher oder Tools kaufen. Als Amazon-Partner verdiene ich an qualifizierten Verkäufen.

Doch das hat keinerlei Nachteile für Sie und hält mich nicht davon ab, die Empfehlungen nach bestem Wissen und Gewissen auszusprechen.

3.
Warum Sie mindestens 100.000 € pro Jahr verdienen sollten

Wann läuft Ihr Business so richtig?

Sie halten hier möglicherweise das wertvollste Buch in Ihren Händen, das Sie bisher gelesen haben. Warum? Weil es davon handelt, mit Ihrem Geschäft das nächste Level zu erreichen – und das ist nahezu unbezahlbar.

Ich spreche darin öfter von einem „Business, das läuft". Doch wann „läuft" ein Business? Dafür kann man verschiedene Messkriterien anlegen. Meine wären zum Beispiel:

- wenn Sie beständig neue Kunden gewinnen

- wenn Sie keine klassische Akquise machen müssen (aber natürlich dürfen), weil sich Interessenten quasi „automatisch" bei Ihnen melden

- wenn Sie Ihre Ziele erreichen oder sogar übertreffen

- wenn Sie sich Ihre Wünsche erfüllen können

- wenn Sie nicht mehr jeden Euro zweimal umdrehen müssen

- wenn Sie mehr verdienen, ohne mehr zu arbeiten
- wenn Sie Mitarbeiter haben, die Sie freispielen
- wenn Sie mehr zeitliche Freiräume und mehr Flexibilität haben
- wenn Sie als Experte in Ihrem Bereich bekannt und gefragt sind
- wenn Sie immer wieder in Medien – online wie offline – erscheinen
- wenn Sie zu jedem Zeitpunkt so viele Anfragen und Aufträge in der Pipeline haben, dass Sie sich für das nächste Jahr keine Sorgen zu machen brauchen
- wenn Ihnen das, was Sie die meiste Zeit tun, tiefe Befriedigung verschafft
- oder kurz gesagt, wenn Ihr Business Ihnen ermöglicht, genau das Leben zu führen, das Sie führen wollen

Letztlich müssen Sie selbst definieren, welche Maßstäbe Sie an Ihr Geschäft anlegen. Bei meinen Klienten geht es meist um all das und noch mehr.

Immer geht es aber auch darum, mehr Umsatz zu machen bzw. einen bestimmten Umsatz zu erreichen. Umsatz ist zwar nicht alles – denn der *Gewinn* ist noch wichtiger –, aber er ist doch die Basis für jedes Geschäft. Für jedes Business gilt:

„Umsatz, Ertrag, Einkommen ... Geld ist lange nicht alles, aber ohne Geld ist im Geschäft alles nichts!"

Übung

Woran erkennen Sie, dass Ihr Business läuft? Welche Kriterien müssen dafür erfüllt sein? Nehmen Sie sich ein paar Minuten Zeit, notieren Sie die Punkte, die Ihnen spontan dazu einfallen, und markieren Sie dann die fünf wichtigsten.

100.000 € als Untergrenze

Und da wir gerade vom Umsatz sprechen ... Wie viel Umsatz es braucht, damit Sie sagen können: „Mein Business läuft", hängt von Ihren sehr individuellen Bedürfnissen ab.

Doch allgemein betrachtet, sollten Sie ...

- um richtig zu leben und nicht nur zu überleben,

- um Geld für Investitionen in Ihr Geschäft und Sie selbst zur Verfügung zu haben,

- um die nötigen (laufenden) Kosten wie IT, Räumlichkeiten, Auto etc. begleichen zu können und

- um der Sozialversicherung und dem Finanzministerium deren Stück vom Kuchen geben zu können, dieses Umsatzminimum bei 100.000 € ansetzen.

Das ist für viele Dienstleister jener Betrag, ab dem es – auch nach Aussage von Steuerberatern meines Vertrauens – Sinn und vor allem ebenso Spaß macht, die Risiken und (manchmal) Mühen einer Selbstständigkeit bzw. einer unternehmerischen Tätigkeit auf sich zu nehmen.

Natürlich kann man auch mit weniger auskommen – aber wollen Sie das? Haben Sie den Schritt in die Selbstständigkeit gemacht, um sich finanziell einzuschränken und ein sparsames Leben zu führen? Oder wollen Sie nicht irgendwann für Ihren Mut (denn den braucht es dafür) belohnt werden?

Dabei will ich von Beginn an klarstellen: Als Dienstleister einen Jahresumsatz in Höhe von 100.000 € zu erreichen, geht nicht von ganz allein und üblicherweise auch nicht von heute auf morgen. Es bedeutet für Sie Arbeit und es braucht Zeit, aber es funktioniert hervorragend.

Sind wir uns einig, was die 100.000 € als Untergrenze betrifft?

AM Unternehmen statt nur IM Unternehmen

Auch wenn es für Sie selbst vielleicht so aussehen mag: Sie sind nicht Ihr Unternehmen! Selbst, wenn Sie keine Mitarbeiter haben und (noch) alles selbst machen, sind Sie nicht Ihr Unternehmen. Diese (wenn auch nur gedankliche) Trennung ist in vielerlei Hinsicht enorm wichtig. Vor allem hat es aber auch für Ihr Wachstum und Ihre Entwicklung Vorteile, dies getrennt zu sehen.

Viele Selbstständige machen genau das nicht. Und das führt zum möglicherweise wesentlichsten Grund, warum viele Dienstleister niemals über einen gewissen Umsatz (der von den 100.000 € meilenweit entfernt ist) hinauskommen. Es ist erschreckend, wie wenig viele Selbstständige verdienen.

Der Grund dafür ist der, dass sie die allermeiste Zeit – und viele sogar ausschließlich – IN ihrem Unternehmen arbeiten. Sie investieren kaum Zeit in die Arbeit AN ihrem Unternehmen.

Und das fällt gedanklich leichter, wenn Sie Ihr Unternehmen als separate Einheit sehen, für die Sie tätig sind – als Marketingmitarbeiter, als Verkäufer, als Buchhalter und manchmal als Mädchen für alles.

Dieser Mangel an Arbeit am Unternehmen führt dazu, dass Sie beispielsweise ...

- für Ihre Klienten und Kunden Tolles leisten, das aber auf Ihrer Website nicht deutlich wird;

- rund um die Uhr zu tun haben, aber als Folge des ständigen Preiswettbewerbs mit den vielen anderen Anbietern viel zu wenig verdienen;

- schon 5 Jahre am Markt sind, dass Sie jedoch – mit Ausnahme Ihrer Kunden – immer noch niemand kennt;

- einen E-Mail-Verteiler haben, der nach drei Jahren immer noch keine 100 Adressen umfasst;

- nach vielen Jahren harter Arbeit immer noch keinen Wert in Form einer Marke (Unternehmens- oder Personenmarke) aufgebaut haben.

Dieses Buch ist eine Anleitung dazu, wie Sie an Ihrem Unternehmen arbeiten können, um dieses wertvoller zu machen. Woher Sie die Zeit dafür nehmen, erfahren Sie in den folgenden Kapiteln.

4.

Die Ertragspyramide – 8 Levels für Ihren Unternehmenserfolg

Nachdem Sie jetzt wissen, wohin es gehen soll, stellt sich die Frage: Wie? Vor 20 oder 30 Jahren war die Antwort auf diese Frage für Selbstständige noch einfacher.

Unternehmer und Selbstständige als moderne 50-Kämpfer

Es gab früher einfach nicht so viele Möglichkeiten, mit Kunden in Kontakt und am Markt in Erscheinung zu treten. Infolge der vielen technologischen Neuerungen im Marketing und im Vertrieb sind wir heute aufgrund der zahlreichen Möglichkeiten oftmals überfordert. Wir verlieren leicht den Weg aus den Augen und verzetteln uns in Details.

- Wir basteln bereits am Facebook-Auftritt, bevor wir noch ganz klar definiert haben, was konkret unser Angebot ist.

- Wir beschäftigen uns mit einem Logo samt Farben für unser Unternehmen, bevor wir noch wissen, was die Botschaft sein soll.

- Wir machen eine Firmenpräsentation für Verkaufsgespräche mit unseren Kunden, bevor wir noch wissen, wer diese Kunden sind und welche Probleme sie haben, die wir lösen könnten.

Früher waren es vielleicht gefühlte 5 bis 10 unterschiedliche Bereiche, die man beherrschen musste, aber heutzutage muss man als Selbstständiger oder Unternehmerin über 50 oder sogar mehr Disziplinen gut bis sehr gut Bescheid wissen ... und darin ist noch gar nicht das Knowhow enthalten, was die Dienstleistung, die man anbietet, selbst betrifft. Dabei geht es ausschließlich um den Aufbau des Business, um Marketing und Vertrieb, um Unternehmensplanung und Unternehmensführung.

Was Sie daher mehr denn je brauchen, um als Dienstleister geschäftlich erfolgreich zu sein, ist eine Strategie für den Auf- bzw. Ausbau Ihres Unternehmens.

30 Jahre Erfahrung im Strategiemodell

Und genau das – eine Strategie, ein Konzept, einen roten Faden zur Entwicklung Ihres Geschäftes – bietet Ihnen das Modell der Ertragspyramide, das Sie auf den folgenden Seiten kennenlernen werden.

Dieses Strategiemodell basiert auf mehr als 30 Jahren eigener Erfahrung als Verkäufer, Führungskraft, Marketingexperte und Unternehmer. Zusätzlich sind auch die Erfahrungen aller meiner Klienten und Mitarbeiter während dieser ganzen Zeit mit eingeflossen. Der eleganteste Weg, zu lernen, ist schließlich der aus den Erfahrungen und Fehlern anderer.

Die Inhalte sowie das gesamte Konzept sind praxiserprobt – ich selbst arbeite seit Jahren in meinen Geschäften erfolgreich damit und erwirtschafte dabei jährliche Umsätze im Bereich von ein paar Hunderttausend Euro.

Speziell für selbstständige Dienstleister

In der Form wie in diesem Buch dargelegt ist das Modell speziell für Sie als selbstständige Dienstleisterin bzw. als selbstständigen Dienstleister konzipiert. Sie haben die besondere Herausforderung, dass Sie selbst das „Produkt" sind, da Sie Ihre Leistung – zumindest teilweise – selbst erbringen. Und das macht, so sagen mir meine Klienten immer wieder, den Verkauf besonders schwierig, da wir uns ungern „selbst verkaufen".

Doch wenn Sie diese Strategie konsequent anwenden, dann müssen Sie genau das nicht bzw. nicht mehr tun – (kalt) akquirieren, „Klinken putzen" und sich selbst bzw. Ihre Leistungen wie Sauerbier am Markt anbieten.

Ganz im Gegenteil: Potenzielle Kunden – und zwar genau diejenigen, die Sie haben wollen und die zu Ihnen passen – werden auf Sie zukommen. Aus eigener Erfahrung wissen Sie vielleicht bereits selbst, um wie viel einfacher solche Kundengespräche verlaufen und um wie viel rascher daraus ein profitables Geschäft wird.

Wie können Sie dieses Buch verwenden?

Die Ertragspyramide ist in 8 Levels unterteilt. Sie finden auf den einzelnen Stufen jeweils eine kurze Beschreibung der Levels. Im Rahmen dieses Buches werde ich Sie als Ihr Coach durch die Stufen führen. Eine erste wichtige Grundlage für Ihren Fortschritt ist dabei die Analyse des Ist-Zustandes Ihres Geschäftes.

*„Die wichtigste Ehrlichkeit ist die
Ehrlichkeit zu uns selbst."*

Daher stelle ich Ihnen, wie in einem guten Coaching-Gespräch, auf jedem Level die wichtigsten Fragen, die Sie sich dann selbst beantworten. Je schonungsloser und ehrlicher Sie das tun, umso mehr werden Sie davon profitieren.

Sie werden aus diesen Fragen und Ihren eigenen Antworten darauf schon eine Menge Ideen und Ansatzpunkte finden, um die ersten Schritte für den nächsten Quantensprung für Ihr Geschäft zu machen.

In 8 Stufen zum erfolgreichen Dienstleistungsgeschäft

Das Modell ist in 8 Stufen aufgebaut, die in 3 wesentliche Bereiche zusammengefasst werden können:

- Person
- Unternehmen
- Markt

Auf den unteren drei Stufen/Levels geht es um Sie als Person. Die mittleren beiden Levels betreffen Ihr Unternehmen, und auf den oberen drei Levels beschäftigen Sie sich mit potenziellen Kunden und dem Markt.

Die Pyramide, die daraus entsteht, symbolisiert Ihr Geschäft. Wie bei jedem Bauwerk ist das Fundament, die unteren Stufen, ausschlaggebend für die Stabilität des gesamten Gebildes.

Ihr Einkommen wird von der Spitze der Pyramide symbolisiert. Um einen möglichst hohen Umsatz bzw. Ertrag zu erzielen, können und müssen Sie auf allen darunter liegenden Stufen arbeiten. Je besser Sie auf den einzelnen Levels sind, umso höher wird Ihr Einkommen sein.

Alle Stufen haben eine starke Auswirkung auf die Höhe Ihres Einkommens, allerdings ist die Bedeutung der einzelnen Stufen nicht gleich hoch. Je niedriger die Stufe, desto stärker ist deren Einfluss auf Ihr Einkommen.

Von innen nach außen und von unten nach oben

Daher empfiehlt es sich, bei der Arbeit an Ihrem Geschäft auf den untersten Stufen zu beginnen, um sich dann Level für Level nach oben zu arbeiten. Natürlich werden Sie unterschiedlich viel Zeit, Energie und Geld in die einzelnen Stufen investieren. Sie werden feststellen, dass Sie in manchen Bereichen schon sehr gut unterwegs sind, in anderen hingegen noch viel Entwicklungspotenzial haben.

So macht es z. B. wenig bzw. keinen Sinn, sich über Logogestaltung den Kopf zu zerbrechen, wenn Ihre Positionierung noch verwaschen ist. Genauso wenig brauchen Sie an Ihrer Gesprächsführung mit Kunden feilen, wenn Sie Level 3, Ihre Produktivität, noch nicht im Griff haben und 50 % Ihrer Zeit mit Dingen verschwenden, die nichts zu Ihrem Einkommen beitragen und Sie Ihrem Ziel daher nicht näher bringen.

Gleichzeitig arbeiten Sie an den drei Bereichen von innen nach außen: Person vor Unternehmen vor Markt.

Wie Ihnen vielleicht aufgefallen ist, beginnen alle Bezeichnungen der Levels mit einem P. Man könnte das Modell daher auch als „die 8 Ps" bezeichnen, was für Sie vielleicht die Merkbarkeit erleichtert.

5.

Sie selbst als Marke

Bevor wir mit den einzelnen Levels starten, sollten wir uns noch über ein wichtiges Thema unterhalten: Sie selbst als Marke.

Um den Aufbau einer Marke geht es mit der Strategie in diesem Buch in jedem Fall. Kann man auch gute Geschäfte machen, ohne eine Marke zu sein? In vielen Bereichen ist das sicherlich möglich – aber es ist schwieriger und oft wesentlich weniger profitabel.

Pull oder push?

Wollen Sie suchen (Push-Strategie) und potenzielle Kunden aktiv kontaktieren? Oder wollen Sie gefunden werden (Pull-Strategie) und neue Kunden automatisch anziehen? Gleich vorweg – beides funktioniert. Und wenngleich es in diesem Buch vor allem darum geht, eine Pull-Strategie für Sie als Dienstleister aufzubauen, hat das eine oder andere Push-Element darin durchaus seine Berechtigung.

Ich habe mich vor einigen Jahren dafür entschieden, dass ich von potenziellen Kunden gefunden werden möchte.

Und um gefunden zu werden und Kunden anzuziehen, benötigen Sie eine Marke – im weitesten Sinn.

Unternehmensmarke oder Personenmarke?

Eine grundlegende Frage, die Sie aber für sich beantworten müssen, ist jene, ob Sie Ihr Unternehmen als Marke aufbauen möchten oder ob Sie sich selbst zur Marke machen wollen.

Unternehmensmarken kennen Sie Tausende – *Apple*, *Coca-Cola*, *Siemens*, *T-Mobile* etc. Beispiele für Personenmarken bzw. Personal Brands sind etwa *Richard Branson*, *Jamie Oliver* oder auch der 2019 verstorbene *Niki Lauda*.

Natürlich werden an dieser Stelle vielleicht viele denken, dass es noch Zeit hat, um über so etwas nachzudenken, dass die Marke noch weit außerhalb der Griffweite ist. Und dennoch sollten Sie bereits jetzt darüber nachdenken, weil diese Entscheidung Konsequenzen für Ihre nächsten Schritte hat.

Zum Beispiel bei der Namensgebung: Vermarkten Sie sich als „Silvia Musterfrau, Führungskräfte-Coach" oder als (anonymes) „Management Institut Leadership Experts"?

Ob nun Unternehmensmarke oder Personenmarke – beide haben Vor- und Nachteile.

Vorteile von Unternehmensmarken:

- Sie können mehrere Unternehmensmarken haben bzw. betreiben (aber es gibt nur eine einzige Personenmarke).

- Diese Marken haben einen Wert, und zwar unabhängig vom Besitzer, und können deshalb auch einmal verkauft oder weitergegeben werden.

- Wenn einmal etwas schiefläuft, sind Sie als Person nicht unbedingt davon betroffen.

- Sie können anonym bleiben.

- Als Unternehmensmarke können Sie (meist) sehr viel größer werden als durch eine Personenmarke (allerdings bieten, wie man an den genannten Beispielen sieht, auch Personenmarken ausreichendes Wachstumspotenzial).

Vorteile von Personenmarken:

- Für potenzielle Kunden ist es einfacher, emotional an Menschen anzudocken als an Unternehmen (wenngleich ein paar Unternehmensmarken das sehr wohl schaffen).

- Sie bauen sich einen Unterschied zum Mitbewerb auf, den Ihnen niemand streitig machen kann. Sie gibt es schließlich nur ein Mal.

- Sie werden als Person bekannt und, wenn Sie es sehr gut machen, sogar berühmt. Wenn Sie das mögen, ist es toll.

- Sie erschließen sich als Dienstleister interessante und lukrative zusätzliche Geschäfts- und Einkommensbereiche, z. B. als Vortragsredner oder Autor.

Was für Sie die bessere Variante ist, müssen Sie selbst entscheiden. Um Ihnen die Entscheidung aber leichter zu machen: Sie können als Personenmarke eine oder auch mehrere Unternehmens- bzw. Produktmarken betreiben. Beides parallel voranzutreiben ist allerdings aufwendiger.

Meinen Klienten, die selbstständige Dienstleister sind, empfehle ich meistens, sich primär als Personenmarke zu positionieren und – wenn sinnvoll – parallel dazu eine Unternehmensmarke aufzubauen.

Jamie Oliver, der als Koch selbstständiger Dienstleister war (und inzwischen vor allem Unternehmer ist), betreibt unter dem Dach seiner Personenmarke viele Unternehmen und Unternehmensmarken.

Übung

Reflektieren Sie für sich selbst die Vor- und Nachteile von Personen- und Unternehmensmarken und stellen Sie sich folgende Fragen:

- Was sagt mein Bauchgefühl zu den beiden Varianten?

- Möchte ich als Person gerne im Mittelpunkt stehen?

- Scheue ich mich vor allzu viel Öffentlichkeit?

- Will ich schnell und stark wachsen und viele Mitarbeiter an Bord nehmen? Oder reicht mir ein Business, das mir ein solides Einkommen jenseits der 100.000-Euro-Grenze beschert?

Nachdem Sie diese Entscheidung jetzt für sich getroffen haben (oder zumindest einmal intensiv darüber nachgedacht haben), lassen Sie uns beginnen, gemeinsam an Ihrem Business zu arbeiten.

6.

Level 1 – Ziele, die wirklich etwas bewegen

Persönliche Ziele

Ihre Ziele – zu wissen, wohin Sie wollen und was genau Sie erreichen möchten – sind der Motor für Ihr Tun. Sie geben Ihnen die Richtung vor, in die Sie sich bewegen bzw. Ihr Geschäft entwickeln wollen. Und gleichzeitig reichen diese oft nicht aus, um genug Momentum und Schubkraft zu erzeugen.

Je nach Typ benötigen viele Menschen auch die Rute im Fenster als wirksames Instrument, um sich von der Stelle zu bewegen. Im Zweifelsfall ist es immer gut, beides zu haben: sich im Klaren darüber zu sein, wohin Sie wollen (und warum), und zu wissen, was Sie vermeiden möchten bzw. nicht mehr wollen.

Um sich Ziele zu setzen, die wirklich etwas bewegen und Sie ein gutes Stück vorwärtsbringen, hilft es – aus meiner eigenen Erfahrung –, wenn Sie ein paar wesentliche Punkte beachten.

Sind es Ihre eigenen Ziele?

Öfter, als wir glauben, verfolgen wir nicht unsere eigenen Ziele, sondern die Ziele anderer. Fragen Sie sich daher immer wieder: „Sind die Ziele, die ich verfolge, auch wirklich meine eigenen? Ist es wirklich das, was ICH will im Leben?" Wenn die Antwort Nein lautet, sollten Sie das rasch ändern und sich neue Ziele suchen.

Setzen Sie sich große und langfristige Ziele

Wir überschätzen, was wir in 1 Jahr erreichen können, und unterschätzen – und zwar massiv – was in 10 Jahren zu schaffen ist. Setzen Sie sich daher langfristige, große Ziele (durchaus auch länger als 10 Jahre) und klotzen Sie. Machen Sie Ziele, die Ihnen auf den ersten Blick (und vielleicht sogar auch noch auf den zweiten) unrealistisch erscheinen. Sie sind es nicht!

„ Menschen scheitern öfter an zu kleinen
als an zu großen Zielen!"

Stimmen Sie Ihre Ziele auf Ihre Werte ab

Dieses Kriterium kann mit dem vorherigen Punkt zusammenhängen. Kennen Sie Ihre Werte? Was ist für Sie wichtig im Business bzw. im Leben generell? Ganz grundlegend? Wenn Sie es nicht wissen, dann denken Sie darüber nach und finden Sie es heraus.

Ihre Ziele müssen nämlich mit diesen grundlegenden Werten harmonieren. Wenn ein Ziel einem Ihrer Werte widerspricht, sind Probleme bei der Umsetzung vorprogrammiert.

Setzen Sie sich Ziele, die Sie emotional bewegen

Viele Ziele – vor allem die klassischen Unternehmens-ziele wie 10 % mehr Umsatz oder 3 % mehr Ertrag – sind öde und langweilig. Sie bewegen nicht einmal jene Menschen, die sie ausgearbeitet haben, geschweige denn andere.

Sorgen Sie daher dafür, dass Ziele Ihre Emotionen ansprechen. Die Vernunft reicht hierfür nicht aus. Wenn Sie etwas bewegen und Ihr Business richtig voranbringen wollen, dann brauchen Sie Ihre Emotionen als Triebfeder und Energiequelle. Fragen Sie sich bei jedem Ziel, ob es dieses Kriterium erfüllt.

Dinge oder Erlebnisse?

Sehr gerne werden materielle Dinge oder auch Geld als Ziel genommen. Dagegen spricht grundsätzlich nichts. Dennoch stelle ich bei mir selbst fest, dass es oft Ziele in Form von Erlebnissen sind, die mich mehr ansporenen als Dinge.

Solche Erlebnisse könnten sein:

- einen Vortrag vor 10 000 oder mehr Menschen halten

- Meetings mit Kunden auf allen 5 Kontinenten abhalten

- der Moment, wenn Sie eine bestimmte Auszeichnung überreicht bekommen

Von Zielen zu Maßnahmen

Und wenn Sie Ihre langfristigen Ziele (> 5 Jahre) gesetzt haben, dann machen Sie mittelfristige (1–5 Jahre) sowie kurzfristige (bis 12 Monate) daraus.

Mit jedem kurzfristigen Ziel müssen dann auch konkrete Maßnahmen verbunden sein, denn das Ziel selbst macht nicht erfolgreich, sondern die Maßnahmen, die Sie für dessen Erreichung umsetzen.

Übung

Stellen und beantworten Sie sich folgende Fragen:

- Habe ich konkret definierte Ziele?
- Sind meine Ziele groß und langfristig genug?
- Weiß ich, WARUM ich diese erreichen will?
- Spüre ich, dass mich diese Ziele wirklich motivieren, dass sie mir wirklich wichtig sind?
- Weiß ich, was ich auf keinen Fall (mehr) will?
- Habe ich für alle meine Ziele konkrete Maßnahmen formuliert?

Zusätzliche Informationen zum Thema „Ziele"

- SMART-Ziele als Erfolgskiller
  https://www.romankmenta.com/smart-ziele/
- Ziele erreichen – hochwirksame Tipps
  https://www.romankmenta.com/ziele-erreichen-zielerreichung/

7.

Level 2 – Der Erfolgshebel zwischen Ihren Ohren

Persönlichkeit und Einstellung

Wie hoch Ihr Einkommen ist, hängt ganz grundlegend davon ab, was in Ihrem Kopf vorgeht. Mit dem Markt, den Kunden und dem Mitbewerb, die oft als Ausrede für niedriges Einkommen herhalten müssen, hat das vorerst gar nichts zu tun. Es geht vielmehr darum, was Sie denken – über die Welt und vor allem auch über sich selbst.

„Gewonnen wird das Spiel zwischen Ohren!"
(Boris Becker)

Glaubenssätze als Erfolgsblockaden

Wir alle haben sogenannte „Glaubenssätze" im Kopf. Das sind Aussagen, die wir für wahr halten. Selbst wenn unser rationaler Verstand weiß, dass diese oder jene Aussage einfach Blödsinn ist und nicht stimmt, hält das Ihr Unterbewusstsein nicht davon ab, dennoch danach zu handeln.

Wenn das ein förderlicher Glaubenssatz ist wie zum Beispiel „Ich kann mit neuen potenziellen Kunden rasch eine sehr gute Beziehung aufbauen!" – bestens.

Wenn Ihre Glaubenssätze aber bspw. lauten:

- „Meine Kunden zahlen keinesfalls mehr als 25 € für eine Gruppenstunde!" oder

- „Einzel-Stundensätze über 100 € sind in meiner Branche nicht erzielbar!" oder

- „Ein richtig hohes Einkommen zu erzielen ist unmoralisch!" (auch sehr verbreitet),

dann hindern diese Sie massiv am Ausbau Ihres Geschäftes. Sie werden immer wieder an denselben Hürden scheitern und so auf einem bestimmten Niveau feststecken und das Gefühl haben, dass Sie auf der Stelle treten.

Hindernde Glaubenssätze herausfinden

Diese hindernden Glaubenssätze gilt es herauszufinden, sich bewusst zu machen, zu analysieren, wo sie herkommen, und daran zu arbeiten. Bei den zusätzlichen Informationen zum Thema (siehe unten) werden Sie auch eine Reihe von Tipps und Strategien finden, um Ihre negativen Glaubenssätze zu ändern.

Eine Möglichkeit dazu ist folgende Übung:

Übung

Schreiben Sie Ihre negativen Glaubenssätze auf. Diese sind teilweise bewusst, teilweise unbewusst. Um ihnen auf die Schliche zu kommen, komplettieren Sie dafür folgende Sätze, indem Sie zu jedem mindestens 1 Minute lang alles aufschreiben, was Ihnen in den Sinn kommt (ohne zu beurteilen):

- Mein Geschäft ist ...
- Meine Kunden sind ...
- Geld ist ...
- Meine Honorare und Stundensätze sind ...
- Ich könnte mehr verdienen, wenn ...
- Mein Mitbewerb ist ...

Lassen Sie sich überraschen, welche Gedanken in Ihrem Kopf herumschwirren!

Persönlichkeitsentwicklung ist Geschäftsentwicklung

Vor allem dann, wenn Sie Ihre Dienstleistung selbst durchführen, hängen Ihr Denken bzw. Ihre Einstellung und Ihr Einkommen (wie vorhin erwähnt) eng zusammen.

So gesehen ist Arbeit an Ihrer Persönlichkeit und an Ihren Glaubenssätzen auch gleichzeitig Arbeit an Ihrem Business. Dieses wird sich in ähnlicher Geschwindigkeit und Dynamik entwickeln, wie Sie selbst als Person vorankommen.

Selbstwert = Marktwert

Der Selbstwert ist dabei die entscheidende Stellgröße. Je höher der Selbstwert, desto höher der Marktwert. Ihre Kunden spüren ganz intuitiv, wie viel Sie sich selbst wert sind bzw. wie hoch Sie selbst den Wert Ihrer Leistung einschätzen. Und der Markt reagiert darauf durch höhere oder niedrigere Honorare und Preise.

Das hat nichts Metaphysisches an sich (auch, wenn es ein wenig so klingt). Vielmehr hängt es damit zusammen, dass sich unser Selbstwert in unserer Kleidung, unserer Art zu sprechen, unserer Mimik, unseren Bewegungen und in den Dingen, mit denen wir uns umgeben, ausdrückt. Und das erzeugt eine mehr oder eben weniger sympathische, kompetente und letztlich „wertvolle" Wirkung.

Dieser Faktor ist noch bedeutender, wenn Sie sich als Personenmarke positionieren und selbst stärker in den Vordergrund treten.

Deshalb ist die Zeit, die Energie und auch das Geld, das Sie in Ihre persönliche – und hierbei nicht nur in die fachliche – Weiterentwicklung investieren, etwas, das Ihnen einen sehr hohen ROI (Return on Investment) für Ihr Geschäft bringen wird. Persönlichkeitsentwicklung ist gleichzeitig Geschäftsentwicklung.

Übung: Wie viel sind Sie sich wert?

Dazu eine kurze Übung. Diese können Sie mit Einzel-Stundensätzen oder auch mit Tagessätzen oder Kurspreisen machen oder aber auch Ihr mögliches Jahreseinkommen damit testen.

- Setzen Sie sich entspannt hin, schließen Sie die Augen und atmen Sie ein paarmal tief durch, um in einen Ruhezustand zu kommen.

- Stellen Sie sich vor, dass Sie einem Kunden einen niedrigen Stundensatz nennen, und

---

> achten Sie dabei auf Ihr Bauchgefühl. Wie sicher fühlen Sie sich damit?
>
> - Gehen Sie dann Schritt für Schritt (bei Stundensätzen z. B. in Fünfer- oder Zehnerschritten) höher und achten Sie jedes Mal auf Ihr Bauchgefühl. Zusätzlich können Sie auch auf die Reaktion Ihres imaginären Kunden achten.
>
> - Machen Sie das so lange, bis Ihr Bauch Ihnen das Signal gibt: „Das ist zu hoch!" – dann sind Sie bei dem Stundensatz angelangt, den Sie „stehen" können. Darüber hinaus ist es in einem Echtgespräch wahrscheinlich, dass der Kunde Ihre Unsicherheit merkt und ggf. beginnt, Preise zu verhandeln.

Bevor Sie nun beginnen, höhere Preise zu verlangen, müssen Sie an Ihrem inneren Wert arbeiten. Nur was Sie nach innen vertreten können, können Sie auch nach außen vertreten.

Übung macht den Meister

Ein kleiner Trick, mit dem Sie sich helfen können, solange Ihr innerer Preis bzw. Wert noch nicht dort ist, wo Sie Ihren Marktpreis haben wollen, ist im Grunde kein Geheimnis: Es ist die Übung. Üben Sie genau diese

Situation der Preisnennung dem Kunden gegenüber so lange, bis Sie auch bei einem Preis, der deutlich höher als Ihr innerer Wert ist, glaubwürdig und felsenfest wirken.

Sobald Sie Kunden gegenüber erste Erfolge mit dem höheren Preis erzielen, hilft Ihnen das, Ihren inneren Wert aufzubauen. Eine positive Spirale wird in Gang gesetzt.

Coaching für nachhaltige Veränderung

Dennoch ist es nachhaltiger, direkt an der Persönlichkeit zu arbeiten. Suchen Sie sich einen guten Coach, der Sie dabei unterstützt, Ihren Selbstwert und Ihren inneren Preis zu erhöhen.

Übung

Stellen und beantworten Sie sich folgende Fragen:

- Welche positiven Gedanken habe ich über mich?

- Welche negativen und hinderlichen Glaubenssätze habe ich über mich? (Schreiben Sie diese auf und seien Sie in diesem Punkt schonungslos zu sich selbst.)

- Wie komme ich dazu, so über mich zu denken? Gab es einen Vorfall, ein Erlebnis

---

(ggf. in der Kindheit), das diesen Glaubenssatz verursacht hat?

- In welchen Situationen fällt es mir leichter, einen höheren Preis zu verlangen und durchzusetzen, in welchen schwerer? Wie kommt das?

- Bei welchen Personen fällt es mir leichter, selbstbewusster aufzutreten, bei welchen schwerer? Wie kommt das?

Zusätzliche Informationen zum Thema „Persönlichkeit und Einstellung"

- Verkaufen Sie sich unter Wert?
  https://www.romankmenta.com/unter-wert-verkaufen/

- Fake it till you make it
  https://www.romankmenta.com/fake-it-till-you-make-it-glaubenssaetze/

- Selbstsabotage im Business
  https://www.romankmenta.com/selbstsabotage/

- Ängste als Erfolgsblockaden
  https://www.romankmenta.com/erfolgsblockaden/

- Negative Glaubenssätze – drei mentale Hürden
  https://www.romankmenta.com/negative-glaubenssaetze/

- Hoher Selbstwert, hohes Einkommen
  https://www.romankmenta.com/hoher-selbstwert-hohes-einkommen/

- Diagnose: Preisangst
  https://www.romankmenta.com/diagnose-preisangst/

8.

Level 3 – Wie verschwenden Sie Ihre Zeit am liebsten?

Produktivität

Haben Sie Ihren inneren Preis erst einmal auf ein profitables Niveau gehoben, dann ist der nächstwichtige Faktor der Umgang mit Ihrer Zeit. Dabei geht es jedoch gar nicht um Zeitmanagement mit dem Ziel, möglichst viele Tätigkeiten in die vorhandene Zeit hineinzupacken.

Vielmehr steht die Frage, mit welchen Tätigkeiten Sie Ihre Zeit füllen, im Zentrum der Betrachtung. Ihr

Einkommen hängt in einem hohen Maß davon ab, welche Tätigkeiten das sind.

Es gibt in Ihrem Unternehmen – wie in jedem anderen Unternehmen auch – eine Menge Tätigkeiten, die für den Betrieb lebenswichtig sind. Selbst das Reinigen der Toilette gehört dazu. (Stellen Sie sich nur mal vor, diese würde niemals gesäubert werden ...)

Und dennoch sind – wirtschaftlich betrachtet – nicht alle Tätigkeiten gleich wertvoll für Ihr Unternehmen. So ist etwa eine Stunde Einzelarbeit mit einem Kunden wertvoller als das Säubern der Toilette.

Warum? Ganz einfach: Für eine Einzelstunde können Sie Ihrem Kunden z. B. 80 €, 150 € oder auch 250 € verrechnen – je nachdem in welcher Branche Sie tätig sind und welche Leistung Sie anbieten. Für eine Stunde Reinigung des Büros oder der Toiletten bezahlen Sie wahrscheinlich 10 bis 15 Euro. Womit sollten Sie daher mehr Zeit verbringen und womit weniger?

> *„Fehler Nr. 1: Selbstständige*
> *arbeiten selbst und ständig!"*

Und obwohl diese Rechnung so einfach erscheint, ist es einer der häufigsten Fehler bei Dienstleistern (und nebenbei bei allen anderen Selbstständigen auch), zu viel oder sogar alles selbst zu machen.

Warum verschwenden wir unsere Zeit?

Diese unproduktive Verwendung der Zeit hat mehrere Gründe:

- Die wenigsten wissen, wie viel ihre Zeit (in Euro gerechnet) tatsächlich wert ist, und delegieren dementsprechend viel zu wenig. Allein das Bewusstmachen des Wertes Ihrer Zeit verändert schon vieles im Umgang damit.

- Viele glauben (speziell dann, wenn die Umsätze noch niedrig sind), dass sie sich niemanden leisten können, der diese Arbeit für sie macht. Wahr ist vielmehr, dass Sie es sich nicht leisten können, alles selbst zu machen.

- Oft sind es andere Menschen, die uns immer wieder vom Weg abbringen, was den produktiven Umgang mit unserer Zeit betrifft. Aber das ist nicht weiter verwunderlich, denn:

„Wenn Sie nicht wissen, wie viel Ihre Zeit wert ist, wie sollen es die anderen wissen, geschweige denn danach handeln?“

Berechnen Sie den Wert Ihrer Zeit

In einem ersten Schritt sollten Sie Klarheit über den Wert Ihrer Zeit erhalten. Dafür können Sie verschiedene Ansatzpunkte wählen.

- Sie könnten z. B. Ihren fakturierten Stundensatz als Wert Ihrer Zeit heranziehen. Nicht berücksichtigt bleiben dabei allerdings alle nicht verrechenbaren Stunden für Marketing, Verkauf, Administration etc.

- Sie könnten auch vom geplanten Jahresumsatz ausgehen und diesen durch die verrechenbaren Stunden bzw. Tage oder auch durch alle Arbeitsstunden dividieren und so einen Stundensatz erhalten, den Sie zumindest erwirtschaften müssen, um das geplante Ziel zu erreichen.

Dabei geht es nicht darum, einen auf den Euro exakten Wert zu erhalten. Für den Zweck des wertbewussten Umgangs mit Ihrer Zeit reicht auch ein Wert, der Ihnen eine ungefähre Größenordnung vorgibt.

Was sind Ihre „wertvollsten" Tätigkeiten?

Die nächste Frage lautet nun: Was sind wertvollere und was sind weniger wertvolle Tätigkeiten für Sie als Dienstleisterin oder Dienstleister? Beim plakativen Beispiel mit der Toilettenreinigung im Vergleich zur bezahlten Leistungseinheit ist es auf den ersten Blick klar. Bei anderen Tätigkeiten ist das oft nicht der Fall.

So ist z. B. das Telefonieren mit bestehenden Kunden zur Kontaktpflege sehr viel mehr wert, als Ihre Ablage zu machen. Aber ist es auch mehr wert als die Arbeit mit dem Kunden?

Einen Vortrag vor potenziellen Kunden zu halten bringt Ihnen mittelfristig deutlich mehr Einkommenszuwachs, als Ihre Buchhaltung zu erledigen. Natürlich muss die Buchhaltung ebenfalls gemacht werden – aber nicht zwangsläufig von Ihnen selbst.

Die Frage ist: Wie können Sie die verschiedenen Tätigkeiten beWERTen?

Was ist mehr wert für Ihr Unternehmen?

Eine Vorgehensweise, die Ihnen dabei hilft, verschiedene Aufgaben zu bewerten, ist jene, sich folgende zwei Fragen zu stellen:

- Wie einfach ist es, diese Tätigkeit abzugeben?
- Wie viel kostet es, diese Tätigkeit auszulagern (an einen Mitarbeiter oder an einen externen Dienstleister)?

Sie können alles, was Sie als Selbstständige und Unternehmer tun, auf Basis dieser zwei Fragen bewerten. Sie könnten z. B. auch die Antworten auf diese beiden Fragen auf einer Skala von 1 bis 5 bewerten und diese beiden Werte multiplizieren. Das Ergebnis ist dann der Wert einer Tätigkeit (aber nicht in Euro!).

Beispiel Buchhaltung:

- Einfachheit: 1 (ganz leicht abzugeben)
- Kosten: 2 (nicht sehr teuer)
- Ergebnis: 2

Beispiel Werbeaktion planen:

- Einfachheit: 3 (nicht so einfach) – da muss jemand schon gut über dein Unternehmen und dich Bescheid wissen
- Kosten: 4 (um 100 € pro Stunde sollte ein qualifizierter Mitarbeiter oder Dienstleister zu finden sein)
- Ergebnis: 12

Das bedeutet, dass Sie in diesem Beispiel die Buchhaltung auslagern (Wert 3) und die Werbeaktion (Wert 12) weiterhin selbst planen (aber natürlich Teile davon in der Umsetzung auslagern können und sollten).

Allerdings gibt es in Ihrem Unternehmen eine Reihe anderer Tätigkeiten, die Sie eher selbst machen sollten als die Werbeplanung, was dazu führen wird, dass Sie in einem weiteren Schritt vielleicht auch diese abgeben.

Ausgenommen davon sind jene Tätigkeiten, die Sie selbst machen wollen, weil sie Ihnen einfach unglaublich viel Spaß machen. Soll sein, solange das Business nicht darunter leidet. Ich will Ihnen schließlich den Spaß nicht verderben.

Holen Sie sich das Produktivitätsposter

Um Ihnen die Arbeit abzunehmen und die Entscheidung zu erleichtern, was Sie auslagern und was Sie selbst machen, habe ich eine sehr praktische Übersicht erstellt, was den Wert von Tätigkeiten im Vermarktungs- und Administrationsbereich betrifft (Ihre fachlichen Tätigkeiten können Sie selbst sehr gut bewerten).

Lesen Sie zu diesem Thema unbedingt den unten verlinkten Beitrag zur Produktivität und holen Sie sich auch das Prioritätenposter hier kostenlos zum Download auf der Ressourcenseite zu diesem Buch:
https://www.romankmenta.com/ebdl-dienstleister-buch/

Wie viel tragen Ihre Tätigkeiten zu Ihrem Einkommen bei?

	< 10€ pro Stunde	100€ pro Stunde	1.000€ pro Stunde	> 5.000€ pro Stunde
Admin	• Spesenabrechnung • Ablage machen • Büromaterialien kaufen • Reiseplanung	• Administrative Tätigkeiten delegieren • Mitarbeiter für einfache Aufgaben einschulen	• Organisationsstruktur der eigenen Firma optimieren • Mitarbeiter für komplexe Tätigkeiten einschulen	• Die richtigen Mitarbeiter auswählen
Blog	• Korrekturlesen • Blogs online stellen • Blogs online verteilen	• Blogs schreiben • Keywords suchen und festlegen • Lektorat & Media Management outsourcen • Blogbilder suchen	• Ideen für Blogbeiträge kreieren • Headlines schreiben • Blogbilder auswählen	• Geschäftsmodell für Blog aufsetzen • Affiliate Produkte auswählen • Affiliate Modelle selbst gestalten
Buch	• Korrektur lesen • Grafiken gestalten	• Lektorat auslagern • Layout delegieren • Ghostwriter beauftragen • Vermarktungskonzept umsetzen • Buch schreiben	• Konzept für Buch schreiben • Content liefern • Vermarktungskonzept ausarbeiten	• Verlagsverhandlungen • Vermarktungskonzept für Launch kreieren
Networking	• Unspezifische Netzwerktreffen besuchen	• Unproduktive Netzwerktreffen streichen • Spezifische Netzwerktreffen besuchen	• Konzepte für produktive Netzwerktreffen erstellen • High Class Mastermind Gruppe ins Leben rufen	• Bezahlte Mastermind Gruppen organisieren und betreiben
PR	• Presseverteiler recherchieren • PR Texte online stellen • Presseaussendungen umsetzen	• PR Texte schreiben • PR Kampagnen planen • Presseaussendungen planen	• Interviews geben • PR Kampagnen ausarbeiten • Kontakte zu wichtigen Journalisten pflegen	• Ideen für PR Kampagnen kreieren • Kooperationen mit Medien erdenken und vereinbaren
Social Media	• Einfache Social Media Umsetzungsarbeit	• Qualifizierte Social Media Umsetzungsarbeit	• Social Media Kampagnen ausarbeiten	• Ideen für Social Media Kampagnen kreieren
Verkauf	• Adressrecherche • Telefonische Kaltakquise • Auftragsbestätigungen • Standard-Kundenfragen beantworten	• Zielkunden definieren • Angebote schreiben • Reklamationen qualifiziert bearbeiten	• Mit echten Interessenten und Kunden sprechen • Angebote präsentieren • Verkaufstexte schreiben • Verkaufsprozess designen	• Vorträge halten • An Gruppen verkaufen • Mit Großkunden verhandeln • Neue Produkte / Angebote kreieren
Website	• Webseiten erstellen	• Inhalte & Layout für Webseiten erstellen • Website-Texte schreiben • SEO Maßnahmen umsetzen	• Konzepte für produktive Webseiten erstellen • Texte für Verkaufsseiten schreiben • SEO Maßnahmen definieren	

Fotos: www.fotolia.com © www.romankmenta.com Inspiriert von Perry Marshall

Tun Sie nur das Wertvollste!

Ihr Ziel sollte es sein, Ihre wertvolle, weil knapp bemessene Zeit nur für jene Tätigkeiten einzusetzen, die für Ihr Geschäft am meisten Umsatz bzw. Ertrag bringen – also die wertvollsten Tätigkeiten –, und alles andere auszulagern oder an Mitarbeiter zu delegieren.

Rein rechnerisch sollten Sie daher alles auslagern, was unter Ihrem kalkulierten Stundenwert liegt, oder einfach gesagt: Lagern Sie alles aus, was jemand anderer gut genug (es muss nicht genauso gut sein, wie Sie es selbst machen) und günstiger als Sie erledigen kann.

Das kann ich mir nicht leisten

Wie erwähnt höre ich von Klienten dann oft: „Das kann ich mir nicht leisten." Dabei können Sie es sich in Wirklichkeit nicht leisten, nichts auszulagern, weil Sie ansonsten Ihre Zeit mit zu billigen Aktivitäten verbringen.

> *„Wenn Sie alles selbst machen,*
> *kommt Sie das teuer zu stehen."*

Wenn Sie als bspw. Ihre Zeit mit 10-Euro-Tätigkeiten füllen würden, dann würden Sie (bei 40 Stunden Arbeitszeit/Woche) auf knapp über 20.000 € Jahresumsatz kommen – weit entfernt von unseren angepeilten 100.000 €.

Um es Ihnen aber einfacher zu machen: Sie müssen nicht mit einer angestellten Kraft und schon gar nicht mit einer Vollzeitkraft starten. Fangen Sie klein an.

Lagern Sie 5 Stunden pro Woche aus. Das sind immerhin mehr als 20 Stunden pro Monat, die Sie mit deutlich höherwertigen Tätigkeiten verbringen können. Die Kosten hierfür sind sehr überschaubar.

Übung

Stellen und beantworten Sie sich folgende Fragen:

- Wie viel ist meine Zeit wert?
- Womit verbringe ich meine Zeit tatsächlich?
- Was davon ist wertvoller? Was ist weniger wertvoll?
- Was davon muss ich tatsächlich selbst machen und warum?
- Was davon könnte jemand anderer genauso gut (oder ausreichend gut) und v. a. deutlich günstiger erledigen?
- Was kann ich an wen delegieren?

Zusätzliche Informationen zum Thema „Produktivität"

- Warum Sie es sich nicht leisten können, keine Mitarbeiter zu haben
  https://www.romankmenta.com/wachsen-mit-mitarbeitern/

- Prioritäten setzen
  https://www.romankmenta.com/wie-verschwenden-sie-ihre-zeit-liebsten/

- Arbeiten Sie in Ihrer 100.000-Euro-Zone?
  https://www.romankmenta.com/100-000-euro-zone/

9.
Level 4 – Und was machen Sie alles NICHT?

Positionierung und Geschäftsmodell

Damit wären die ersten drei (sehr persönlichen) Levels bearbeitet und wir sind auf Level 4 angelangt, dem ersten Level, das unmittelbar Ihr Geschäft betrifft. Doch was ist Ihr Geschäft eigentlich? Es geht auf diesem Level um Ihre Positionierung, um das, wofür Sie stehen. Und vor allem auch um das, wofür Sie nicht stehen.

Wofür stehen Sie und wofür nicht?

Am besten ist eine klare Positionierung anhand eines Beispiels erklärt:

- Trainerin (unklare Positionierung)
- Verkaufstrainerin (klarere Positionierung)
- Verkaufstrainerin für die telefonische Terminvereinbarung (punktgenaue Positionierung)

Je klarer Ihre Positionierung ist, umso besser ist das für Ihr Einkommen. Eine klare Positionierung hat eine Reihe von Vorteilen für Sie:

- Mit einer klaren Positionierung können Sie jedem in einem Satz sagen, was Sie tun und wofür Sie stehen.

- Mit einer sauberen Positionierung unterscheiden Sie sich von Ihren Mitbewerbern.

- Eine klare Positionierung schafft Vertrauen.

- Mit einer punktgenauen Positionierung bleiben Sie besser in Erinnerung, und entsprechend leichter ist es, Sie zu empfehlen.

- Gut positionierte Experten werden von Medien viel leichter wahrgenommen.

- Mit einer klaren Positionierung werden Sie als Experte wahrgenommen und können entsprechend höhere Preise für Einzelstunden und Kurse verlangen und auch erhalten.

In den meisten Dienstleistungsbereichen gibt es Riesenunterschiede zwischen den schlecht bezahlten „Bauchläden" und den toppositionierten und bestverdienenden „Experten". Dieser Unterschied kann 30, 50 oder 100 % betragen, bisweilen aber sogar ein Mehrfaches davon ausmachen.

Drei Kriterien für Ihre optimale Positionierung

Optimal positioniert sind Sie, wenn Ihre Positionierung folgende drei Kriterien erfüllt:

Kriterium 1:
Sie sollten das, was Sie anbieten, gerne tun

Nur wenn Sie das, was Sie anbieten, gerne tun, werden Sie Tag für Tag die Energie aufbringen, so viel Zeit in Ihre Tätigkeit zu investieren, wie notwendig ist, um ein erfolgreiches Business aufzubauen. Wenn Sie sich dafür quälen, würden das auch potenzielle Kunden merken, ganz abgesehen davon, dass Sie selbst es nicht lange aushalten würden.

Doch Achtung! Die oft gehörte Aussage „Tu das, was dir Spaß macht, und mach ein Business daraus!" kann auch zu fatalen Ergebnissen führen, wenn die beiden anderen Kriterien nicht erfüllt sind.

Spaß kann sogar richtig gefährlich für Ihr Business sein! Warum? Das erfahren Sie im Beitrag „Positionierung OHNE Spaßfaktor":

https://www.romankmenta.com/positionierung-ohne-spassfaktor/

Nicht alles, was Spaß macht, muss auch ein Business werden. Manche Tätigkeiten, die Spaß machen, sollten besser Ihr Hobby bleiben.

Kriterium 2:

Sie sollten das, was Sie anbieten, gut können

Vorweg: Eine fundierte, fachspezifische Ausbildung ist unbedingt zu empfehlen. Die Grundlagen Ihrer Leistung müssen Sie natürlich aus dem Efef beherrschen.

Dennoch hat das Kriterium 2 nur bedingt Gültigkeit. Genauer gesagt brauchen Sie das, was Sie als Dienstleister können müssen, um eine Topleistung zu erbringen, NOCH nicht zu können. Sie müssen aber bereit sein, es in angemessener Zeit zu lernen. Bei entsprechendem Fokus darauf ist das machbar. Etwaige Spezialkenntnisse sind oft in überschaubarer Zeit erlernbar.

Wenn Kriterium 2 nicht erfüllt ist, wäre das natürlich fatal. Sie hätten wahrscheinlich viele Reklamationen und keine Weiterempfehlungen oder Wiederbeauftragungen.

Gleichzeitig müssen Sie dieses Kriterium aber auch nicht übererfüllen. Sie müssen fachlich sehr gut, aber nicht der Beste oder die Beste sein, um ein erfolgreiches Geschäft zu betreiben.

Wie in vielen anderen Bereichen gilt auch hier die 80/20-Regel. Es reicht, wenn Sie über 80 % der Kompetenzen verfügen und sich darauf konzentrieren, also sehr gut sind. Der Aufwand, in Ihrem Bereich fachlich der Beste zu werden, ist oft überdimensional hoch und erfordert zu viel Zeit und Energie.

Diese Zeit ist sehr viel profitabler in die Vermarktung Ihrer Leistung investiert. Sie erinnern sich:

$$\textit{„Erfolg} = \textit{Leistung x Kommunikation}^2 \text{ „}$$

Kriterium 3:
Es muss für das, was Sie anbieten, einen Markt geben

Ebenso fatal wäre es, wenn Kriterium 3 nicht erfüllt ist. Sie würden sich nämlich schwertun, überhaupt zu einem Auftrag zu kommen.

Dennoch ist es ein Fehler, der sehr verbreitet ist und wahrscheinlich deshalb gemacht wird, weil Kriterium 1, der Spaß, überbetont wird. Doch wie erwähnt muss nicht alles, was Spaß macht, auch zu einem Business werden.

Je „spitzer" Sie sich allerdings positionieren, das heißt, je kleiner Ihre Zielgruppe ist, desto mehr müssen Sie den Markt vielleicht auch geografisch ausdehnen. Wenn es in Ihrer Gegend vielleicht nur 10 Kunden gibt, die für Ihre Positionierung passen, sind es im gesamten Sprachraum aber vielleicht 1000 und weltweit möglicherweise 10 000, die infrage kommen.

> *„Jede noch so kleine Nische*
> *ist weltweit ein riesiger Markt."*

Das könnte auch bedeuten, grenzüberschreitend tätig zu sein (Sprachen sind lernbar). Gerade in einer immer digitaler werdenden Welt wird das immer einfacher.

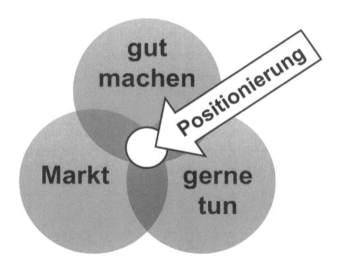

Positionierung – spitz oder breit?

Wie Sie bereits bemerkt haben ist, empfehle ich Ihnen eine „spitze" Positionierung. Das bedeutet, Ihre Zielgruppe aufgrund verschiedenster Kriterien einzuschränken und zu verkleinern.

Der Erfolg bei der Positionierung liegt im Weglassen, im „Nein" Sagen zu Teilzielgruppen, Märkten, Kunden, Technologien, Aufgaben etc. – und genau das fällt vielen Selbstständigen schwer. Warum? Weil sie dann meinen, Geschäft zu verlieren.

Doch genau das Gegenteil ist der Fall. Auch wenn Sie im Zuge einer spitzen Positionierung den ein oder anderen Kunden zu verlieren bzw. gar nicht angefragt zu werden, weil Ihr Angebot teilweise unpassend ist, gewinnen Sie dafür mehr, als Sie verlieren, in dem Bereich, wo Ihr Angebot zu 100 % passt.

Durch eine spitze Positionierung verstärken Sie Ihren Expertenstatus, ziehen die passenden Kunden an, werden weiterempfohlen und können höhere Preise verlangen und diese auch durchsetzen.

„Anders ist das bessere Besser!"

Durch eine spitze Positionierung gibt es weniger Überschneidungen mit anderen Anbietern, die ebenfalls punktgenau positioniert sind. Und jene, die einen „Bauchladen" haben und alles anbieten, übertrumpfen Sie mit wahrgenommener Kompetenz spielend.

Wenn Sie auf der Suche nach Ideen sind, wie Sie sich von anderen Anbietern unterscheiden können, dann finden Sie im Buch „Das große USP Strategie Buch – So finden Sie Alleinstellungsmerkmale, Kundennutzen und Positionierung einfach und schnell" eine Vielzahl an Ideen dafür.

https://amzn.to/2KZczub

Übung

Um Ihre Positionierung zu finden, den Bereich, wo sich für Sie alle 3 Kriterien überschneiden, können Sie Folgendes machen:

- Listen Sie alle (beruflichen) Tätigkeiten auf, die Ihnen Spaß machen – von ganz generell bis sehr detailliert. Wenn Sie z. B. gerne Reisen, dann kann auch das für Ihre Positionierung relevant sein. Als Mediziner könnten z.b. spezielle Tipps geben, wie man auf Reisen gesund bleibt bzw. mit typischen Erkrankungen in bestimmten Ländern und Regionen umgeht und diese in Form von Mini-Kursen, Büchern etc. vermarkten und so einen Kontakt zur Zielgruppe aller Vielreiser herstellen.

- Markieren Sie auf dieser Liste all das, was Sie gut können.

- Versuchen Sie dann einzuschätzen, für welche der markierten Tätigkeiten es einen Markt gibt, der interessant bzw. groß genug scheint. Sie können hier z. B. auch eine Skalenbewertung von 1 bis 5 einführen.

Die perfekte Positionierung

Damit haben Sie vielleicht noch nicht Ihre punktgenaue Positionierung, aber Sie sind ihr näher gekommen. Die perfekte Positionierung kann – nach meiner Erfahrung aus der Arbeit mit vielen Klienten, aber auch aus der Arbeit an meinem eigenen Business – nicht erzwungen werden.

Es ist ein Kreativprozess und braucht als solcher Zeit. Sie drehen Runden und nähern sich an, und nach jeder Runde wird Ihre Positionierung ein Stück besser.

Aus diesem Grund ist es auch ganz normal, dass sich Ihre Positionierung im Laufe der Zeit verändert. Die Rahmenbedingungen ändern sich, die Technik schreitet voran und Zielgruppen entstehen oder verschwinden. Auch das, was Ihnen Spaß macht, ist einer Veränderung unterworfen.

Wer genau ist Ihr idealer Kunde?

Bei Ihrer Positionierung geht es aber nicht nur um Sie, sondern vor allem auch um Ihre Zielgruppe, um Ihre idealen Kunden. Je genauer Sie wissen, wer das ist, und je zielgerichteter Sie diese ansprechen, umso leichter wird Ihnen die Kundengewinnung fallen.

Dabei ist es hilfreich, Ihren idealen Kunden als Person (auch „Persona" oder „Avatar" genannt) möglichst genau zu beschreiben.

Als Dienstleister können Sie es mit Einzelpersonen, mit Gruppen oder auch mit Unternehmen als Kunden zu tun haben. Bei Letzteren brauchen Sie manchmal mehr als nur einen Avatar. Wichtige Avatare könnten für Sie zum Beispiel sein:

- die Personen, die Ihre Ansprechpartner sind und Entscheidungen über die Beauftragung von Fitnesstraining für Mitarbeiter treffen (Personalverantwortliche, Betriebsrat ...), aber auch
- das Unternehmen als solches

Je besser Sie Ihre idealen Kunden kennen, desto einfacher fällt es Ihnen, Leistungen anzubieten, die für diese perfekt sind.

Beschreiben Sie Personen mit Kriterien wie Alter, Geschlecht, Beruf, Familienstand etc. Definieren Sie aber z. B. auch, wohin und wie oft Ihr idealer Kunde gerne auf Urlaub fährt, was er am liebsten isst und was er gar nicht mag.

Geben Sie Ihrem Avatar sogar einen Namen und ordnen Sie ihm ebenso ein Foto zu (es könnte auch ein echter idealer Kunde sein, der bereits bei Ihnen gekauft hat).

„Die Sorgen Ihrer Kunden sind
der Schlüssel zum Erfolg für Ihr Geschäft."

Vor allem aber sollten Sie sich die Ängste, Sorgen und Probleme Ihres idealen Kunden bewusstmachen. Worüber denkt er nach, wenn er nachts wachliegt? Denn wenn Sie die perfekte Lösung für seine Sorgen haben, haben Sie ein profitables Geschäftsmodell.

Für Unternehmens-Avatare funktioniert das im Prinzip genauso, nur eben mit anderen Kriterien wie Unternehmensgröße, Anzahl der Standorte, Branche, Anzahl der Mitarbeiter etc. – je nachdem, worauf Sie sich spezialisieren. Gehen Sie auch hier in die Tiefe und ins Detail.

Positionierung und idealer Kunde als Basis

Ihre Positionierung und Ihr idealer Kunde sind dann die Basis für sehr vieles auf den nächsten Stufen der Pyramide:

- Ihr Angebot bzw. Ihre Produkte
- Ihre Botschaften in Marketing und Werbung
- Ihr eigener Webauftritt
- Ihre genutzten Kommunikationskanäle
- Ihre Verkaufsstrategie
- Ihr Corporate Design

All das können Sie nur dann sinnvoll umsetzen, wenn Ihre Positionierung und Ihr idealer Kunde klar definiert sind. Ein Produkt bzw. ein Angebot zu gestalten, bevor Sie wissen, für wen, macht wenig Sinn. Dennoch passiert genau das sehr oft. An dieser Stelle wird deutlich, wie wichtig es ist, die Stufen der Ertragspyramide von unten nach oben zu durchlaufen.

Geschäftsmodelle für Dienstleister

In einem engen Zusammenhang mit Ihrer Positionierung steht die Frage nach Ihrem Geschäftsmodell. Das Geschäftsmodell für viele Dienstleister scheint klar: Im Normalfall wird stundenweise mit Einzelpersonen oder Gruppen gearbeitet. Manchmal auch mit Gegenständen (Restaurateure oder Autopfleger), Grundstücken (Gärtner), Räumen (Reinigungsdienste) oder auch Materialien (Abfallentsorger). Dabei wird in den meisten Fällen „Zeit gegen Geld" getauscht, vor allem in den Bereichen der persönlichen Dienstleistung wie Masseure, Fotografen, Trainer, Coaches oder auch Berater aller Arten. Es werden Stundensätze, Tagsätze bzw. Kurstarife verlangt.

Dennoch macht es Sinn, an dieser Stelle auch kurz über das Geschäftsmodell nachzudenken. Das muss nämlich nicht so sein. Es gibt oder gäbe noch eine Reihe anderer Geschäftsmodelle, die Dienstleister betreiben könnten.

Lassen Sie mich das anhand des Beispiels eines Fitness-
trainers illustrieren:

- mit Einzelpersonen oder Gruppen gegen Bezah-
  lung zu arbeiten

- Fitnessreisen und Fitnesscamps veranstalten

- Erstellung und Verkauf von Büchern für
  Endkunden aber auch für andere Fitnesstrainer
  (zu speziellen Trainingsmethoden etc.)

- Erstellung von Fotos (in Kooperation mit einem
  Fotografen) zum Thema Fitness und Verkauf
  dieser über Fotodatenbanken

- Produktion von Dingen aller Art, die mit Ihren
  Fotos versehen sind (Kopfkissen, Wandbilder, T-
  Shirts, Teetassen etc.)

- eigene Fitnessgeräte entwickeln und vermarkten

- Online-Fitnesskurse

- Businesscoaching für andere Fitnesstrainer
  (Neueinsteiger z.B.)

- Betrieb eines Fitnessstudios und Vermietung von
  Teilen davon

- einen regelmäßigen Fitnessblog schreiben und
  damit Werbeeinnahmen oder Affiliate-Einnah-
  men lukrieren

- eine eigene Fitnesszeitschrift herausbringen

- eine online Fitnessplattform betreiben und die Werbefläche dort vermarkten

- ein Fitness-App vermarkten

Auch wenn einige dieser Ideen für Sie seltsam erscheinen mögen und nicht infrage kommen (Sie könnten ja auch noch andere und für Sie besser passende Ideen haben), sind sie dennoch eine Überlegung wert, bevor Sie sich auf die nächste Stufe weiterbewegen.

Vor allem, wenn Sie bereits ein etabliertes Dienstleistungsgeschäft haben, kann es sehr spannend sein, sich die Frage nach einem alternativen, ganz anderen Geschäftsmodell zu stellen.

Auf dem nächsten Level (Nr. 5) geht es dann um Produkte und Leistungen, und diese haben sehr viel mit Ihrer Positionierung, aber auch mit Ihrem grundlegenden Geschäftsmodell zu tun.

Übung

Stellen und beantworten Sie sich folgende Fragen:

- Wofür stehe ich geschäftlich? (Fragen Sie auch andere.)

- Macht mir Spaß, was ich beruflich mache, bzw. bringt es mir Befriedigung und Erfüllung?

- Bin ich gut in dem, was ich beruflich mache?
- Wie interessant bzw. wie groß ist der Markt für das, was ich anbiete?
- Wie viele Mitbewerber habe ich, die Vergleichbares machen?
- Wer genau sind meine idealen Kunden? Habe ich diese wirklich definiert?
- Was sind die größten Probleme und Sorgen meiner idealen Kunden?
- Welchen Nutzen schaffe ich für meine idealen Kunden?
- Was ist mein Geschäftsmodell?
- Welche anderen Geschäftsmodelle wären für mich denkbar?

Zusätzliche Informationen zum Thema „Positionierung und Geschäftsmodell"

- Positionierung Teil 1
  https://www.romankmenta.com/strategische-positionierung-als-gewinnbringer/
- Positionierung Teil 2
  https://www.romankmenta.com/strategische-positionierung-ii/

- Positionierung als Experte … für Nicht-Experten
  https://www.romankmenta.com/positionierung-als-experte-fuer-nicht-experten/

- Berufung finden
  https://www.romankmenta.com/berufung-finden/

- Positionierung OHNE Spaßfaktor
  https://www.romankmenta.com/positionierung-ohne-spassfaktor/

- Profitable Geschäftsmodelle mit Zukunft – Teil 1
  https://www.romankmenta.com/profitable-geschaeftsmodelle-1/

- Profitable Geschäftsmodelle mit Zukunft – Teil 2
  https://www.romankmenta.com/profitable-geschaeftsmodelle-2/

Basisanalyse zu Ihrer Positionierung

Holen Sie sich auch die Basisanalyse zu Ihrer Positionierung. Das ist ein Selbstcheck, der Ihnen deutlich macht, wo Sie in diesem Punkt zurzeit stehen.

Hier kommen Sie zum kostenlosen Download auf der Ressourcenseite: https://www.romankmenta.com/ebdl-dienstleister-buch/

10.

Level 5 – Schluss mit Zeit gegen Geld

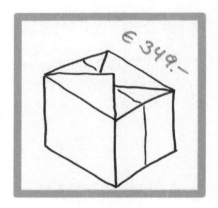

Produkte, Pakete und Preise

Jetzt, da Sie genau wissen, wofür Sie stehen und wofür nicht, wer Ihre idealen Kunden sind und zu welchen potenziellen Aufträgen Sie besser Nein sagen, können Sie sich daranmachen, für ebendiese idealen Kunden die perfekt passenden Angebote zu schnüren.

Ein perfektes Angebot ist jenes, das die größten, häufigsten und drängendsten Probleme Ihrer idealen Kunden löst. Sie verkaufen keine Leistungen und schon gar nicht Ihre Zeit, sondern Lösungen für Probleme.

Wenn Sie immer genau daran denken, bringt das einen Umsatz- und Ertragsschub für Ihr Unternehmen, denn Ihre Kunden sind an Ihren Leistungen oder gar Ihrer Zeit im Grunde überhaupt nicht interessiert.

Ich weiß, das klingt hart, doch das Einzige, was Ihre Kunden wirklich interessiert, ist die Antwort auf die Frage: „Und was habe ich davon?" Es geht um den Kundennutzen. Und um diesen zu erfüllen, müssen Sie ihn erst einmal kennen – deshalb auch die intensive Beschäftigung mit dem Avatar im vorigen Kapitel.

Die „Zeit-gegen-Geld"-Falle

Wie gesagt verrechnen viele Dienstleister ihre Leistung typischerweise in Zeiteinheiten, sprich in Stunden- oder Tagessätzen. Im Grunde tauschen Sie also Ihre Zeit gegen das Geld Ihrer Kunden. Doch dieser Tausch hat für Sie mehrere Nachteile:

- Ihre Zeit ist auf 24 Stunden pro Tag beschränkt, und damit sind Ihrem Einkommen Limits gesetzt.

- Stundensätze oder auch Tagsätze sind sehr gut vergleichbar, was schlecht ist, wenn es darum geht, höhere Honorare zu erzielen.

- Anstelle des Nutzens für Ihre Kunden wird Ihre Zeit in den Mittelpunkt gestellt.

- Wenn Sie langsamer sind und für eine Arbeit länger brauchen, hat Ihr Kunde dadurch einen Nachteil, weil Sie mehr verrechnen.

- Wenn Sie mit Ihren bzw. für Ihre Kunden schnell und effizient arbeiten, haben Sie einen unmittelbaren finanziellen Nachteil (wenngleich schnelles, effizientes Arbeiten grundsätzlich natürlich ein Vorteil ist).

Diese Art von Tausch entpuppt sich immer wieder als Falle, weil Sie aus dieser Vergleichbarkeit der Stundensätze nur schwer herauskommen.

Wege aus der „Zeit-gegen-Geld"-Falle

Es gibt jedoch Möglichkeiten und Wege aus dieser Falle. Sie können Ihre Zeit ausweiten und damit Ihr Einkommen steigern, indem Sie einen der folgenden Wege beschreiten:

- Basierend auf Ihren Erkenntnissen von Level 3 (Produktivität) können Sie Mitarbeiter (Angestellte oder Externe) an Bord holen und so Ihre Kapazitäten erweitern.

- Sie können Ihre Stundenleistung in Produkte verwandeln und sich so dem „Zeit-gegen-Geld"-Tausch ein

Stück weit oder je nach Produkt sogar völlig entziehen.

Produkte statt Zeit

Doch was bedeutet es, Ihre Stundenleistung in Produkte zu verwandeln? Wie geht das? Und was sind „Produkte" überhaupt?

Produkte können hochgradig standardisierte Angebote sein, wie z. B. die Teilnahme an einem 3-tägigen Fotoworkshop bei einem Fotografen z.B. oder auch einmal „Schneiden, waschen und föhnen" bei einem Friseur.

Die Grundlage für ein Produkt ist nicht Ihre Zeit, sondern es sind Ihr Know-how und der Kundennutzen. Ein Produkt, das Sie anbieten, sollte folgende Kriterien erfüllen:

- Es muss einen bestimmten Kundennutzen bieten und Probleme von potenziellen Kunden lösen.

- Es hat einen Namen, der gut und wertvoll klingt.

- Es hat ein Logo/Branding (bestimmte Farben etc.).

- Es ist bildhaft dargestellt (so kann z. B. ein E-Book als dreidimensionales Buch abgebildet werden).

- Es hat eine kundennutzenorientierte Produktbeschreibung.

Nehmen Sie sich bei der Produktgestaltung physische Produkte aus anderen Branchen als Vorbild, z. B. ein Auto oder ein Mobiltelefon. Auch wenn Sie eine Dienstleistung verkaufen, können Sie vieles von dem übernehmen, was in der Vermarktung und Darstellung für physische Produkte gemacht wird.

Pakete statt Produkte

Sie können aber auch noch einen Schritt weiter gehen, indem Sie mehrere Komponenten in ein Produkt packen und so ein richtiges Produktpaket daraus machen. Damit sind Sie noch schwerer vergleichbar mit Mitbewerberangeboten.

Für eine Ernährungsberaterin zum Beispiel können solche Komponenten sein:

- die ausführliche Ernährungs-DNA-Analyse vor der ersten Coachingeinheit
- Organisation und Buchung von besonderen Räumlichkeiten bzw. Ausstattungen (für spezielle Kochkurse)
- die Ernährungsberatung selbst
- eine Ernährungs-Onlinehotline während der Zusammenarbeit mit der Klientin

- Dokumentation der Fortschritte (per Messungen und Fotos);

- Ernährungstrainings ergänzt durch gemeinsamen Lebensmitteleinkauf

- regelmäßige Hausbesuche mit Ernährungstipps und gemeinsamen Kochen im eigenen Haus der Klientin

- personalisierte Rezepte auf die jeweilige Ernährungsplanung, -bedürfnisse und Alltag der Klientin abgestimmt

Dabei können Sie auch Leistungen von anderen Dienstleistern wie etwa Ärzten, Krankenschwestern, Masseuren, Yogalehrer oder Sporttrainern und Farbberatern mit einbeziehen und Ihr Paket damit anreichern.

Ihr Paket könnte dann auch beinhalten:

- einen detaillierten medizinischen Blut- und Hormoncheck durch den Allgemeinarzt

- einen detaillierten medizinischen Leistungs-Check durch den Sportarzt

- Bioresonanz-Analyse oder ähnliche Messungen (Allergenetestung; Nahrungsunverträglichkeit,...)

- die Erstellung eines zum Trainingsziel passenden Sporttrainingsplans durch einen Sporttrainer

- Entspannungseinheiten durch Yoga oder Massagen
- Farb- und Typberatung – passend zur Figur
- ein Fotoshooting, wenn das Ziel erreicht ist

Ob Sie das tun wollen oder sollten, hängt wiederum von Ihrer Positionierung und auch von dem jeweiligen Projekt ab. Das Beispiel macht aber deutlich, wie Sie sich so Schritt für Schritt vom „Zeit-gegen-Geld"-Tausch entfernen können.

Produkte, die Sie anbieten, müssen aber auch gar nichts mit Ihrer Kernleistung zu tun haben. Solange diese zu Ihrem Geschäftsmodell und zu Ihrer Positionierung passen, sind Ihrer Fantasie keine Grenzen gesetzt.

Digitale Produkte – Online-Videokurs

Ein gutes Beispiel für ein digitales Produktpaket ist mein Online-Videokurs „Ein Business, das läuft", mit dem ich selbstständige Dienstleister – auch Sie, wenn Sie das möchten – dabei unterstütze, die Strategien aus diesem E-Book, das Sie gerade lesen, in Ihrem Business umzusetzen.

Einen solchen Online-Kurs können Sie mit offline Elementen kombinieren (wie ich es auch mache) und z.b. mit Einzel- oder Gruppenberatungen oder -Coachings bzw. anderen Leistungen, die zu Ihrem Business passen, ergänzen.

Wenn Sie nähere Informationen dazu möchten, dann finden Sie diese im Ressourcenbereich zum Buch: https://www.romankmenta.com/ebdl-dienstleister-buch/

Spielvarianten von Produkten

Abgesehen von Ihrer Kernleistung gibt es für Sie eine Vielfalt an Produktvarianten. Im Prinzip geht es immer darum, Ihr Know-how in verschiedenen Formen aufzubereiten.

Mögliche digitale oder auch analoge Produkte (ich spreche hier vor allem von Kaufprodukten und nicht nur von kostenlosen Produkten) können zum Beispiel sein:

- Erklär-Videos

- Onlinekurse
- Bücher und E-Books
- Hörbücher
- Apps
- Seminare
- Vorträge
- Beratungen
- Analysen
- Marktstudien
- Plattformen

Machen Sie den Einstieg leicht

Machen Sie es Ihren Interessenten leicht, Kunden zu werden, indem Sie die Hürde für den Einstieg in Ihre Welt möglichst niedrig halten. Den ersten Kontakt knüpfen Sie am einfachsten über Gratisprodukte wie E-Books oder Checklisten. Damit erhalten Sie im Tausch auch die E-Mail-Adressen.

Wenn Sie z. B. Masseur und Rückenschmerzexperte sind, könnten Sie ein kostenloses E-Book zum Thema „Nie mehr Rückenschmerzen – die wirksamsten Tipps, die Sie ganz einfach im Alltag anwenden können" anbieten. Keine Angst übrigens, die Gefahr, dass Sie allein dadurch keine Klienten mehr haben werden, halte ich für äußerst gering.

Danach bieten Sie etwas Einfaches, Kostengünstiges an. Dabei geht es noch nicht ums Geldverdienen, sondern nur darum, den entscheidenden Schritt vom Interessenten zum kaufenden Kunden zu vollziehen.

Der Schritt vom kleinen zum größeren Kunden ist dann der nächste logische. Sie brauchen also ein Produktsortiment mit einer Preisleiter von niedrig- zu hochpreisig.

Natürlich hängt diese Vorgehensweise auch wieder von Ihren Zielkunden und vom jeweiligen Projekt ab. Es gibt durchaus Bereiche für Sie als Dienstleister, wo Sie gleich direkt mit einem größeren Projekt einsteigen können, vor allem dann, wenn Ihre Kunden Unternehmen sind. Bei manchen Dienstleistungen (wie z.B. Gebäudereinigung oder auch Unternehmensberatung ist das sogar häufig der Fall).

Ihre Preisstrategie

Eine Frage, die mit Ihren Dienstleistungen und Ihren Produkten eng zusammenhängt, ist die nach der Preisstrategie. Diese steht im Zusammenhang mit der Frage, ob Sie vor allem „Zeit gegen Geld" tauschen oder bereits ein Portfolio an Produkten haben.

Dabei geht es noch nicht um den genauen Preis eines einzelnen Produktes oder um Ihren Stundensatz, sondern um Ihre grundlegende Ausrichtung. Hochpreisig, wie es zu einem Experten passen würde, mittelpreisig wie die meisten anderen oder – ganz einfach formuliert – billig aus Angst, sonst keinen Auftrag zu erhalten.

Hochpreisstrategie statt Billiganbieter

Am besten, wir betrachten das Thema „Pricing" einmal ganz nüchtern auf Zahlenbasis.

Beispielrechnung Einkommen Coach

Zielumsatz	100.000 €	100.000 €	100.000 €
Stundensatz	80 €	120 €	250 €
Stunden für Zielerreichung	1.250	833	400
Arbeitswochen	47	47	47
Gebuchte Stunden / Woche	27	18	9
Stunden / Klient	5	5	5
Klienten / Jahr	250	167	80
Abschlussquote	80 %	70 %	60 %
Interessenten	313	238	133

© www.romankmenta.com

Ich habe hier das Ziel 100.000 € Umsatz für einen Coach mit einer ganz einfachen Standardleistung, z. B. Einzelstunden, durchgerechnet, und zwar einmal mit 80 € pro Einheit, einmal mit 120 € und einmal mit 250 € pro

Session, um zu illustrieren, was die Stundensätze für eine Auswirkung auf das Geschäft haben.

Dabei bin habe ich angenommen, dass im Durchschnitt 5 Stunden / Jahr / Klient verkauft werden.

Wenn unser Coach in diesem Beispiel 80 € pro Stunde verlangt, benötigt er mit 250 Klienten insgesamt 1.250 Stunden pro Jahr, um das Umsatzziel von 100.000 € zu erreichen.

Bei einer sehr hohen Abschlussquote von 80 % (8 von 10 Interessenten werden Kunden) braucht er dafür immerhin 313 Interessenten. Das ist einer pro Tag (ausgenommen Sonntage).

Da er aber 27 Stunden pro Woche allein schon mit Klienten arbeitet, bleibt ihr nicht sehr viel Zeit, um an seinem Unternehmen zu arbeiten sowie sich um Marketing und Verkauf zu kümmern. Unter diesen Rahmenbedingungen zu einem neuen Interessenten jeden Tag zu kommen und dann auch noch in 8 von 10 Fällen einen Kunden daraus zu machen, ist sehr schwierig bis fast unmöglich.

Wenn er aber seinen Preis pro Stunde auf 120 € erhöht und wir davon ausgehen, dass die Abschlussquote dann auf 70 % sinkt (weil das ein paar der Interessenten vielleicht zu teuer ist), reichen ihm 167 Kunden pro Jahr, um 100.000 € Umsatz zu machen.

Dabei arbeitet er nur noch 27 statt 18 Stunden pro Woche mit seinen Kunden.

Das heißt aber auch, es bleibt ausreichend Zeit, um AM Unternehmen zu arbeiten und Aktivitäten zu setzen, die jede Woche vier bis fünf neue Interessenten generieren – eine immer noch schwierige, aber machbare Aufgabe.

Wenn unser Coach in dem Beispiel den Stundensatz auf 250 € erhöht (dafür braucht er vielleicht eine spezielle, zahlungskräftige Zielgruppe), dann müsste er nur 9 Stunden / Woche mit Klienten arbeiten, um sein Umsatzziel zu erreichen.

Bei zwei bis drei neuen Interessenten pro Woche und einer niedrigeren Abschlussquote von 60 % würde er 80 Klienten pro Jahr betreuen und hätte viel Zeit, um AN ihrem Business zu arbeiten.

Sie sehen an diesem Beispiel (das Sie natürlich auch mit Ihren eigenen Zahlen und Annahmen durchrechnen können), wie stark die Auswirkung des Preises auf den Erfolg Ihres Geschäftes ist.

Zu niedrige Preise haben einige Nachteile:

- Sie machen, wie unser Beispiel zeigt, den Geschäftserfolg schwierig bis (fast) unmöglich.
- Es bleibt Ihnen zu wenig Zeit, um Ihr Unternehmen weiterzuentwickeln.

- Sie arbeiten zu viel und verdienen zu wenig.
- Sie sind schlecht für Ihren Expertenstatus.
- Sie machen Ihre Leistung in den Augen der Kunden schlechter – ganz nach dem Motto: Was nichts kostet, ist nichts wert!

Was man an dem Beispiel auch sehr gut beobachten kann ist, dass Einzelstunden nicht optimal für höhere Einkommen sind, weil die Skalierbarkeit schlecht ist. Das heißt dem Stundensatz sind nach oben Grenzen gesetzt und Sie können immer nur mit einer Person pro Zeiteinheit arbeiten.

Gruppenkurse, Online-Kurse oder Bücher sind da z.B. zumindest eine wirtschaftlich sinnvolle Erweiterung dieses Geschäftsmodells.

Ob Sie mit 10 oder 50 Kunden gleichzeitig arbeiten können, ist auch eine Frage der Methodik, der Leistung und der Branche. Für Ihre Einnahmen macht es einen wesentlichen Unterschied.

Die Angst vor hohen Preisen

Viele Dienstleister haben Angst vor hohen Preisen. Sie sind der Meinung, Kunden zu verlieren, weil sie zu teuer sind. Doch erstens sind Sie niemals zu teuer, sondern maximal zu wenig wert (dazu später mehr auf Level 7), und zweitens ist es gut, ab und an einen Kunden wegen des zu hohen Preises zu verlieren. Warum?

„Wer niemals einen Auftrag wegen
des Preises verliert, ist zu billig!"

Wenn Sie nicht immer wieder einmal einen Auftrag wegen eines zu hohen Preises verlieren, bedeutet das, dass Sie die preislichen Grenzen nicht ausloten. Sie gehen nicht an die Grenze des preislich Machbaren und verschenken bei all den Aufträgen, die Sie erhalten und durchführen, Geld – und das ist in Summe viel teurer als die verlorenen Aufträge.

„Eine zu hohe Abschlussquote
kostet Sie viel Geld!"

Außerdem haben wir vorhin ausgerechnet, dass zu niedrige Preise fatal für Ihren Geschäftserfolg sind. Auch den Aspekt, dass Sie Kunden wegen zu niedriger Preise verlieren können, darf man nicht außer Acht lassen.

Zu niedrige Preise können Ihren Kunden suspekt vorkommen, Ihre wahrgenommene Kompetenz reduzieren und daher von vornherein aussortiert werden. Das ist durchaus gängige Praxis bei vielen Auftraggebern.

Wenn Sie sich daher mit Ihren angestrebten Preisen unwohl fühlen, dann sollten Sie sich, wie auf Level 2 beschrieben, unbedingt darum kümmern. Preisangst ist eine massive Blockade für das Wachstum Ihres Unternehmens.

Welcher Preis ist der richtige Preis?

Die Frage nach dem richtigen Preis stellt sich immer – egal, ob Sie ein Produkt verkaufen oder Stundensätze verrechnen. Welchen Preis sollten Sie also für Ihre Leistung verlangen? Und wie berechnen Sie ihn?

Es gibt eine Vielzahl an unterschiedlichen Herangehensweisen an das Thema „Preis" und unterschiedliche Kalkulationsmethoden für Ihre Stundensätze und Honorare.

Die drei bei Dienstleistern meistverbreiteten Arten, ihre Preise zu berechnen, sind:

- Preisberechnung basierend auf den Kosten (Lebenshaltungskosten oder Kosten im Unternehmen)

- Preisberechnung basierend auf dem Mitbewerb

- Preisberechnung basierend auf den Zielen

Natürlich kann es auch eine Mischform dieser drei Varianten sein.

Alle drei Kalkulationsansätze haben allerdings massive Nachteile und sind daher nur sehr bedingt empfehlenswert.

Wenn Sie Ihre Honorare auf Basis Ihrer Kosten berechnen, orientieren Sie sich nach unten und schöpfen Ihre Potenziale nach oben nicht aus. Außerdem – was interessieren Ihre Kunden Ihre Kosten? Soll der Kunde dafür bestraft werden, dass Sie zu hohe Kosten haben?

Wenn Sie sich am Mitbewerb orientieren, werden auch Ihre Preise in der marktüblichen Mitte liegen. Damit kommunizieren Sie aber auch, dass Sie selbst „mittelmäßig" sind, und vermindern dadurch Ihren Expertenstatus.

Die Preiskalkulation auf Basis Ihrer Ziele ist schon besser, allerdings haben Ihre eigenen Ziele nichts mit den Kunden zu tun. Sollen Ihre Kunden etwa dafür bezahlen, dass Sie selbst so große Ziele haben!?

Außerdem könnten Sie (im Falle sehr kleiner Ziele) damit immer noch deutlich zu niedrig liegen oder einen Preis verlangen, der für Sie zurzeit auf dem Markt nicht durchsetzbar ist, weil Ihre Ziele Ihrem eigenen Marktwert ein großes Stück vorausgeeilt sind.

Die einzig wirklich sinnvolle Variante besteht somit darin, Ihre Preise an dem auszurichten, was der Kunde zu zahlen bereit ist. Wie das geht? Erhöhen Sie Ihre Preise so lange, bis Sie durchschnittlich 2 von 10 Projekten bzw.

potenziellen Kunden aufgrund des zu hohen Preises verlieren. Das ist ein gesundes Maß.

In einem nächsten Schritt arbeiten Sie an Ihrem Wert und erhöhen diesen sukzessive (siehe Level 7), um dann erneut mit den Preisen nachzuziehen. So stellen Sie sicher, dass Sie sich kontinuierlich an der oberen Grenze bewegen und nicht unnötig Geld im Verkauf liegen lassen.

Übung

Stellen und beantworten Sie sich folgende Fragen:

- Habe ich „Produkte" oder verkaufe ich einfach nur meine Zeit?

- Habe ich ein spannendes, kostenloses Einstiegsangebot für meine Interessenten und potenziellen Kunden?

- Wie kann ich meine Leistungen als Produkte verpacken?

- Welche Produkte habe ich bereits?

- Welche Produkte fehlen mir noch, um bestimmte Preisbereiche abzudecken?

- Wie kann ich aus meinen bisherigen Einzelprodukten ganze Produktpakete schnüren?

- An welche Produkte, in die ich mein Know-how verpacken kann, habe ich bis jetzt noch gar nicht gedacht?
- Bin ich hochpreisig genug?

Zusätzliche Informationen zum Thema „Produkte, Pakete und Preise"

- Upselling-Strategien
  https://www.romankmenta.com/upselling/
- Hochpreisstrategie für selbstständige Dienstleister
  https://www.romankmenta.com/hochpreisstrateg ie/
- Honorarberechnung, Preiskalkulation
  https://www.romankmenta.com/honorarberechnu ng-preiskalkulation-dienstleister/
- Preispsychologie – Tipps und Strategien
  https://www.romankmenta.com/preispsychologie /

11.

Level 6 – Ihre Gelddruckmaschine

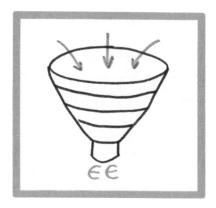

Prozesse in Verkauf und Marketing

Der Ausdruck „Gelddruckmaschine" mag Ihnen vielleicht etwas vollmundig erscheinen, doch es geht in diesem Kapitel um Geld, das Sie mit dieser Strategie einnehmen, wobei das Ganze im Idealfall wie eine sehr gut geölte Maschine läuft. Daher ist dieser Ausdruck durchaus zutreffend.

Der Sales Funnel

Wenn Sie erst einmal die richtigen Produkte haben, stellt sich als Nächstes die Frage, wie Sie zu Kunden kommen, die Ihre Produkte kaufen. Der gesamte Marketing- und Verkaufsprozess ist dabei wie ein Trichter – der sogenannte „Sales Funnel" oder auch „Verkaufstrichter" – zu sehen.

Dieser Verkaufstrichter ist Ihre Gelddruckmaschine, sobald er erst einmal richtig eingestellt ist. Vereinfacht gesagt, füllen Sie oben in diesen Trichter Kontakte ein – und unten kommen immer wieder kaufende Kunden heraus.

Je steiler die Wände dieses Trichters sind, desto weniger Verluste haben Sie auf dem Weg durch den Trichter und desto mehr Aufträge kommen unten heraus.

Dabei ist es ganz normal, dass Sie auf dem Weg von der breiten Öffnung des Trichters oben, wo Sie Adressen hineinbefördern, bis zum schmalen Auslass unten, wo aus Kunden Stammkunden werden, immer wieder Interessenten bzw. Kunden verlieren.

Ansonsten wäre der Trichter eine Röhre, und das wiederum gibt es nur für Monopolanbieter, was Sie als Dienstleister in den meisten Fällen nicht sind.

Verkaufssysteme statt Zufallskunden

Das Befüllen des Trichters und das Befördern durch die einzelnen Levels des Trichters darf nicht dem Zufall überlassen sein. Sie müssen dafür sorgen, dass Sie Systeme entwickeln, die den Trichter regelmäßig mit neuen Kontakten (Leads) versorgen und den Verlust an Interessenten im Trichter minimieren. Das schaffen Sie, indem Sie Ihr Verkaufs- und Marketingsystem mit der 3-Schritte-Methode einrichten.

3 Schritte zum funktionierenden Verkaufs- und Marketingsystem

1. Analyse

2. Optimierung

3. Gas geben

Sie verlieren in Ihrem Verkaufstrichter also zwangsläufig Kunden. Spannend und erfolgsentscheidend ist dabei die Antwort auf die Frage, WO in diesem Verlauf Sie WIE VIELE Kunden verlieren und WARUM. Nur wenn Sie das wissen, können Sie Ihre Vorgehensweisen in Schritt 2 optimieren.

So kann es zum Beispiel sein, dass Sie kaum Kunden im Trichter verlieren, aber oben einfach zu wenig neue Kontakte hineinbefördern. Oder aber Sie machen alles sehr gut bis zur Angebotserstellung, erhalten dann jedoch 80 % Absagen (was zu viel ist).

In beiden Fällen kann das Ergebnis dasselbe sein. Die Maßnahmen, die Sie zur Optimierung zu treffen haben, sind allerdings grundverschieden. Erfassen Sie daher Ihre Zahlen in Schritt eins, analysieren Sie diese und arbeiten Sie beständig an Ihrer Verkaufsmaschine, damit diese immer besser läuft.

Und sobald Sie mit dem Ergebnis zufrieden sind und das System konsequent und planbar Kunden und Aufträge hervorbringt, können Sie mehr „Gas geben", d. h. mehr Kontakte oben in den Trichter hineinbefördern.

Oft wird der Fehler gemacht, „Gas zu geben", bevor das System rund läuft. Das führt dazu, dass viel Aufwand getrieben wird und wenig an Ergebnis dabei herauskommt.

Gas geben – aber wie?

Dieses zu frühe „Gasgeben" passiert wahrscheinlich deshalb, weil die Gewinnung von neuen Kontakten und neuen Kunden in Umfragen als DIE größte Herausforderung von Selbstständigen gesehen wird.

Daher ein paar Ideen und Strategien, wie Sie zu neuen Kontakten für Ihren Trichter kommen können. In diesem Zusammenhang möchte ich anmerken, dass sich durch die explosionsartige Entwicklung der Onlinewelt (Social Media und Co.) zwar viele neue Möglichkeiten aufgetan haben, Kontakte zu generieren, aber die (klassischen) Offlinemöglichkeiten nicht außer Acht gelassen werden sollten.

Die Regel lautet: Suchen und kontaktieren Sie Ihre Kunden dort, wo Ihre idealen Kunden zu finden sind. Ob Sie selbst dieses Medium mögen oder nicht, ist weitgehend irrelevant.

Nachfolgend ein paar der wichtigsten Strategien zur Leadgenerierung als Beispiele. Es gibt allerdings noch mehr Möglichkeit, zu Kontakten zu kommen. Speziell im Onlinebereich entwickelt sich die Technik permanent weiter. Es entstehen neue Tools, aber auch neue Plattformen, die es erleichtern, Kontakte zu knüpfen.

Online-Strategien zur Leadgenerierung:

- Social-Media-Postings und Vernetzung – dabei sind auch XING und LinkedIn (von vielen vernachlässigt) sehr interessante Netzwerke.

- Instagram als fotobasiertes Medium und auch Pinterest bieten sich für viele Dienstleister an, um Kontakte zu knüpfen und Reichweite zu erzielen.

- bezahlte Facebook-Werbung

- bezahlte Google-Werbung

- SEO – bei Google mit den richtigen Keywords auf der Seite eins zu sein, bringt richtig viele Besucher auf Ihre Website.

- Bloggen – steht in engem Zusammenhang mit SEO und ist daher aus meiner Sicht auch für viele Dienstleister sehr empfehlenswert.

- Podcasts – werden gerne von Menschen gehört, die viel im Auto fahren und keine Zeit zum Lesen haben. Sie sind für Dienstleister durchaus geeignet in all jenen Bereichen wo nichts gezeigt werden muss.

Offline-Strategien für Leadgenerierung:

- gezielter Besuch von Veranstaltungen

- Teilnahme an Empfehlungsnetzwerken wie BNI (Business Network International) – gerade für viele Dienstleister sehr empfehlenswert

- aktives Empfehlungsmarketing

- Kaltakquise per Telefon – nicht der beliebteste, aber der direkteste und oft der schnellste Weg zu neuen Kunden. Für Sie als Dienstleister ist die telefonische Kundenakquise dann zu empfehlen, wenn Sie Unternehmen als Kunden ansprechen wollen. Bevor Sie das tun, informieren Sie sich am besten noch darüber, welche Vorgehensweisen rechtlich in Ordnung sind.

- Vorträge und Workshops – ein etwas ungewöhnlicher, aber spannender Weg zu neuen Kontakten. Die Vorteile sind vielfältig – Sie bauen damit Ihren Expertenstatus auf und können nebenher sogar noch Geld verdienen, wenn Sie diese als Produkt vermarkten.

Natürlich können Sie auch mehrere dieser Strategien kombinieren – aber nicht zu viele. Machen Sie lieber wenige und diese dafür professionell und intensiv.

Welche Strategie(n) Sie umsetzen, hängt wie erwähnt davon ab, wo Ihre Kunden anzutreffen sind. Ob Sie einen Kanal wie XING oder Facebook mögen oder nicht, sollte egal sein (wenngleich ich weiß, dass es natürlich eine Rolle spielt).

Worauf Sie sehr wohl achten sollten, ist der Aspekt, welches Medium (Text, Bild, Video, Sprache) Ihnen mehr oder weniger liegt. Manche schreiben wundervolle

Texte, kommen aber auf einem Video gar nicht gut an – und umgekehrt.

Wenn Ihnen Video gar nicht liegt, müssen Sie es lernen oder YouTube eben nicht als Kanal nutzen. Ausschließlich auf Ihre eigenen Vorlieben sollten Sie sich aber definitiv nicht konzentrieren.

24/7 durch Automatisierung

Idealerweise produziert Ihr System ständig neue Kontakte. Rund um die Uhr. Auch dann, wenn Sie IN Ihrem Unternehmen arbeiten, schlafen oder auf Urlaub sind. Das geht nur dann, wenn Sie das System so weit wie möglich von sich selbst unabhängig machen. Das bedeutet, dass Sie möglichst viele Teile des Verkaufssystems auslagern müssen.

Auslagern können Sie

- an Mitarbeiter mit ganz spezifischen Aufgaben (z. B. könnte ein Mitarbeiter in Ihrem Namen jeden Tag 10 potenziell interessante Kontakte auf XING oder LinkedIn mit einer persönlichen Nachricht anschreiben) oder

- an Software, die jeweils Teiltätigkeiten in Ihrem Marketingsystem übernimmt.

Software in diesem Bereich einzusetzen hat viele Vorteile:

- Sie ist meist viel kostengünstiger als Mitarbeiter.
- Sie arbeitet wirklich 24/7 für Sie.
- Sie macht (so gut wie) keine Fehler.

Beispiele für Software, die Ihnen als Dienstleister dabei hilft, Ihren Verkaufsprozess zu automatisieren, sind:

- E-Mail-Marketing-Software mit Autorespondern. Ich selbst arbeite mit ActiveCampaign, das sehr viele Möglichkeiten bietet, professionelles E-Mail-Marketing zu betreiben.
- Webinar-Software, um Webinare – ggf. auch im Vorhinein aufgenommen und automatisiert – abzuhalten. Mein Tool ist WebinarJam.
- bezahlte Facebook-Werbung
- bezahlte Google-Werbung
- automatische Posting-Programme für manche Social Media, wie z. B. Hootsuite oder Buffer

Eine umfangreiche Liste aller möglichen Softwaretools, die Ihnen dabei helfen, Tätigkeiten zu automatisieren und auszulagern, finden Sie im auf der Ressourcenseite zum Buch:

https://www.romankmenta.com/ebdl-dienstleister-buch/

Auf die bestehenden Kunden nicht vergessen

Bei all dem Fokus auf neue Kunden wird allzu oft auf die bestehenden Kunden vergessen. Ihr Verkaufs- und Marketingsystem als Dienstleister sollte definitiv auch diese umfassen.

Das basiert wiederum auf Überlegungen zu Produkten: Was könnten Sie Ihren bestehenden Kunden denn noch verkaufen? Welche von deren Problemen könnten Sie noch lösen? Achten Sie darauf, dass Sie in Ihrem Produktportfolio immer auch die passenden Zusatzangebote für Stammkunden haben.

Im nächsten Schritt auf Level 7 geht es um die Frage, womit Sie Ihre Systeme füllen. Sie brauchen Inhalte bzw. „Content", wie es üblicherweise heißt. Denn das ist es, womit Sie für die Außenwelt sichtbar werden.

Vom richtigen Moment

Einer der häufigsten Gründe, warum potenzielle Kunden nicht bei Ihnen anfragen, wenn sie genau Ihre Dienstleistung brauchen würde, ist der, dass diese einfach nicht an Sie denken, wenn es so weit ist.

Sie müssen daher im richtigen Moment bei diesen präsent sein. Und genau das erreichen Sie durch gut abgestimmte

Systeme, mit denen Sie – äußerst wichtig dabei! – regelmäßig mit Ihren (potenziellen) Kunden kommunizieren und permanent sichtbar sind.

Wenn Sie das schaffen, ist die Wahrscheinlichkeit deutlich gestiegen, dass potenzielle Kunden auch (oder vielleicht sogar ausschließlich) bei Ihnen anfragen, wenn es um Leistungen geht, die Sie anbieten.

Durch die richtige Positionierung machen Sie sich attraktiv und ziehen Kunden an, und durch Ihre Systeme sorgen Sie dafür, dass diese nicht auf Sie vergessen.

Übung

Stellen und beantworten Sie sich folgende Fragen:

- Wie komme ich zu neuen Kontakten?
- Welche Systeme habe ich bereits, um zu neuen Kontakten zu gelangen?
- Welche Systeme könnte ich einrichten, um neue Kontakte regelmäßiger in meinen Trichter zu schaufeln?
- Habe ich einen Prozess, um bestehenden Kunden neue Angebot zu machen und das Geschäft mit diesen auszubauen?

Zusätzliche Informationen zum Thema „Prozesse in Verkauf und Marketing"

- Umsatzsteigerung – 3 Strategien für mehr Umsatz
  https://www.romankmenta.com/umsatzsteigerung-strategien/

- Hört auf zu verkaufen!
  https://www.romankmenta.com/hoert-auf-zu-verkaufen/

- Nachhaltig Umsatz steigern
  https://www.romankmenta.com/umsatzsteigern/

- Cross Selling als Geheimwaffe
  https://www.romankmenta.com/cross-selling/

- Empfehlungsmarketing
  https://www.romankmenta.com/empfehlungsmarketing-neukundengewinnung/

- Kaltakquise ohne Stress
  https://www.romankmenta.com/kaltakquise-stressfrei/

12.

Level 7 – Wer wertvoll ist, muss wertvoll wirken

Präsentation nach außen

Auf den ersten sechs Stufen der Pyramide haben Sie alles vorbereitet, was Sie für den nächsten Quantensprung Ihres Unternehmens benötigen. Erst jetzt, wenn Sie mental klar genug sind, Ihre Positionierung und Ihr Produktportfolio stehen und Ihre Systeme eingerichtet sind, macht es Sinn, sich intensiv um Ihre Außenwirkung zu kümmern.

Da das für viele selbstständige Dienstleister ein sehr spannender Bereich zu sein scheint, wird oft zu früh Zeit in dieses Level investiert. Selbst Ihre Firmenfarben sollten Sie erst festlegen, wenn Sie sich über Ihre Positionierung und Ihre Zielgruppe im Klaren sind, denn die Farben müssen die Zielgruppe ansprechen.

Wirkung erzielen an Touchpoints

Sie wirken permanent nach außen. Es gibt Hunderte großer, kleiner und kleinster Berührungspunkte – sogenannte „Touchpoints" – mit Ihren potenziellen Kunden. Aber nicht nur mit diesen, sondern auch mit den Medien, der Öffentlichkeit, Geschäftspartnern, Lieferanten, Banken und allen anderen, die irgendeine Bedeutung für Ihr Geschäft haben bzw. haben könnten.

Solche Touchpoints sind z. B.:

- Ihre eigene Website
- Visitenkarten
- das eigene Erscheinungsbild samt Kleidung
- der Text auf Ihrer Sprachbox
- ein Flyer
- Ihr Firmenauto

Die Liste möglicher Touchpoints ist sehr lang. Und an allen diesen Touchpoints wirken Sie nach außen. Überall dort bauen Sie (im Kopf des Kunden) Wert auf oder vernichten Wert. Das Problem dabei ist, dass der Wertaufbau schwieriger und langwieriger ist als die Wertvernichtung.

Dabei ist es – gerade im Erstkontakt mit noch Unbekannten – interessant, wie stark sich Kleinigkeiten wie die Visitenkarte, ungeputzte Schuhe oder auch eine nicht besprochene Mobilbox auf den Eindruck auswirken, den Sie hinterlassen.

Ein etwas ruppiger Tonfall von der Person, die Ihr Telefon abhebt (das können natürlich auch Sie selbst sein) – und schon entsteht binnen Bruchteilen von Sekunden der Eindruck der „Unfreundlichkeit" beim Kunden. Auf diese Weise kann viel Wert in kurzer Zeit vernichtet werden.

Touchpoints optimieren und Wert steigern

Es geht daher darum, Ihre wesentlichen Touchpoints zu definieren und den Eindruck, den Sie dort hinterlassen, zu verbessern bzw. zu optimieren.

Als grundlegende Regel gilt: Der Kunde kauft, wenn der Wert höher ist als der Preis. Er kauft nicht, wenn der Preis den Wert übersteigt. Sie können dieses Spiel daher auf zwei Arten spielen: den Preis senken oder den Wert erhöhen.

Als Dienstleister müssen Sie an Ihren Touchpoints einen exzellenten Eindruck hinterlassen und vor allem deutlich machen, dass Sie selbst das leben, was Sie predigen.

Jemand, der z.b. mehr Fitness und einen schlankeren Körper verkaufen möchte, muss z.b. auf die Website oder in seinen Social-Media-Profilen zeigen, dass er das auch leisten kann und Beispiele von sich selbst und Kunden zeigen. Wenn jemand Webseiten gestaltet, dann muss seine eigene ein Vorzeigebeispiel sein.

Hohe Qualität im Außenauftritt ist wichtig. Die Wirkung entscheidet. Dadurch erhöhen Sie Ihren Wert im Kopf potenzieller Kunden. Und je höher der Wert ist, desto mehr können Sie verlangen und auch erhalten.

Übung: Touchpoint-Analyse

An die Touchpoint-Optimierung können Sie mit dem folgenden 5-stufigen Prozess herangehen:

1. Machen Sie eine Liste mit allen Ihren Touchpoints – online und offline.

2. Bewerten Sie die Wichtigkeit jedes einzelnen Touchpoints auf einer Skala von z. B. 1 (wenig wichtig) bis 5 (extrem wichtig).

3. Bewerten Sie Ihre Wertigkeit jedes Touchpoints – wie wertvoll bzw. professionell

---

wirken Sie dort? – auf einer Skala von 1 (hervorragend) bis 5 (furchtbar).

4. Multiplizieren Sie die Werte von Schritt 3 und 4.

5. Arbeiten Sie an den einzelnen Touchpoints, wobei Sie am besten bei jenem mit dem höchsten Wert starten.

Was soll ich bloß posten?

Die Kommunikationskanäle, die Sie auf Level 6 als Teil Ihres Verkaufs- und Marketingsystems definiert haben, sind natürlich ebenfalls allesamt Touchpoints – jeder einzelne von ihnen. Daher stellen sich auf Level 7 mehrere Fragen: Womit befüllen Sie diese Kanäle? Was kommunizieren Sie und wie? Welche Inhalte verteilen Sie in den Kanälen?

Konkret kann das z. B. bedeuten:

- Worüber schreiben Sie in Ihrem Blog?
- Was posten Sie auf Facebook?
- Worüber sprechen Sie im Rahmen eines Vortrags?
- Was packen Sie in Ihren Newsletter?
- Welche Art Videos stellen Sie auf YouTube?

Diese Kanäle regelmäßig und in Übereinstimmung mit Ihrer Positionierung zu „bespielen" braucht Planung. Wenn Sie sich morgens spontan fragen: „Was soll ich bloß heute wieder auf Facebook posten?", haben Sie schlechte Karten, dieses Medium wirklich gewinnbringend für sich zu nutzen.

Erstellen Sie einen Redaktionsplan

Was Sie daher benötigen, ist ein Redaktionsplan. In diesem definieren Sie Medium für Medium und Kanal für Kanal,

- was
- wann
- wie oft
- an wen

Sie kommunizieren bzw. posten. Legen Sie ebenso Rahmenbedingungen bzw. Regeln fest – auch dafür, was Sie nicht tun (z. B. keine politischen Inhalte posten, teilen oder liken).

Das kann für Ihren Blog bspw. wie folgt aussehen:

- Sie bloggen jede Woche am Dienstag um 8 Uhr Früh.

- Die Blogthemen (abgestimmt auf Ihre Positionierung) definieren Sie immer für das Quartal im Voraus.

- Jeder Blog ist zumindest 1000 Wörter lang.

- Jeder Blog ist für die Google-Suche optimiert.

- Das Hauptkeyword für jeden Blog wird mindestens 200 Mal pro Monat gesucht.

- Sie schreiben zumindest 1 x pro Monat einen Gastblog auf einer anderen relevanten Seite (auch diese sind vorab definiert).

- Jeder neue Blog wird am Dienstag durch Ihren Newsletter-Verteiler ausgeschickt.

- Der neue Blog wird in der Woche, in der er erscheint, am Dienstag, Mittwoch und Freitag auf Facebook und LinkedIn geteilt.

- An den anderen Tagen wird ein anderer (älterer, aber immer noch relevanter) Blog auf Facebook und LinkedIn geteilt.

Das ist nur als Beispiel für einen einigermaßen durchdachten Plan zu sehen, was das Bloggen angeht. Für alle anderen Medien bzw. Kanäle sollten Sie einen ähnlichen erstellen. Damit haben Sie eine gute Basis dafür gelegt, dass Sie dieses Vorhaben auch umsetzen.

Aus eigener Erfahrung empfehle ich Ihnen, so viel wie möglich davon zu delegieren bzw. zu automatisieren. Das erhöht die Wahrscheinlichkeit enorm, dass Sie es wie geplant umsetzen.

Darüber hinaus empfiehlt es sich, geblockt zu arbeiten und den Content für einen gewissen Zeitraum – 1 Woche, 1 Monat, 1 Quartal – vorzubereiten. Das ist wesentlich effizienter.

Zur Unterstützung der Umsetzung habe ich eine Vorlage für einen Redaktionsplan für Sie vorbereitet. Sie finden ihn im Ressourcenbereich zum Buch.

Auch eine Frage der Menge

Damit Ihre Botschaften von Ihren Zielkunden wahrgenommen werden, können Sie an zwei Stellschrauben drehen: Quantität und Qualität.

Dass Sie sehr gute Qualität in Ihrer Kommunikation liefern sollten, muss nicht extra betont werden. Natürlich können Sie mit besonders kreativen Ideen eine enorme Reichweite erzeugen. Das Problem ist nur, dass diese besonders kreativen Inhalte nicht auf Knopfdruck herstellbar sind.

Was Sie allerdings unter Kontrolle haben, ist die Quantität Ihrer Kommunikation. Selbst wenn es bisweilen übertrieben scheint, müssen Sie – je nach Kanal – auch (sehr) viel tun, um wahrgenommen zu werden. Mit einem Facebook-Posting pro Woche werden Sie nicht

nennenswert sichtbar sein. Erfolg braucht bisweilen Übertreibung, wie Sie im Beitrag „Extrem – Ihr Erfolg braucht Übertreibung!" nachlesen können:
https://www.romankmenta.com/aufmerksamkeit/

Was soll ich bloß posten?

Damit Ihnen niemals die Ideen ausgehen, was Sie wo kommunizieren bzw. posten können, finden Sie über 160 spannende Ideen für reichweitenstarke Posts im Buch „Was soll ich bloß posten?".

Das Buch erhalten Sie hier als e-Book oder Taschenbuch.
https://amzn.to/3doCnOx

Übung

Stellen und beantworten Sie sich folgende Fragen:

- Wer sind die relevanten Kontaktgruppen in meinem geschäftlichen Umfeld?
- Welche Touchpoints habe ich mit diesen?
- Wie wirke ich an den einzelnen Touchpoints? (Fragen Sie dazu auch andere Menschen.)
- Was kann ich tun, um meine Wirkung zu optimieren?
- Womit befülle ich meine Marketing- und Verkaufssysteme?
- Sind meine Inhalte attraktiv genug und erziele ich damit genügend Aufmerksamkeit?

Zusätzliche Informationen zum Thema „Präsentation nach außen"

- Kleine Touchpoints, große Wirkung
  https://www.romankmenta.com/kleine-touchpoints-grosse-wirkung/
- Mehrwert schaffen – 10 Top Value Hacks
  https://www.romankmenta.com/mehrwert-schaffen-value-hacks/

- Angebote schreiben
  https://www.romankmenta.com/angebote-schreiben/

- Farbpsychologie
  https://www.romankmenta.com/farbpsychologie-marketing-werbung/

- Texten/Copywriting
  https://www.romankmenta.com/mit-magischen-worten-zu-hoeheren-preisen/

- Sichtbarkeit im Business
  https://www.romankmenta.com/sichtbarkeit-im-business/

13.

Level 8 – Auge in Auge
mit dem Kunden

Persönlicher Verkauf

Erst auf dieser Stufe geht es um Ihre unmittelbare persönliche Interaktion mit Ihren Kunden und Interessenten. Und obwohl die unteren Stufen der Pyramide eine größere Auswirkung auf Ihr Einkommen haben, bedeutet das nicht, dass Ihr Verhalten und Ihre Fähigkeiten im persönlichen Kundengespräch (telefonisch wie auch persönlich) unwichtig wären.

Ganz im Gegenteil: Sie sind sogar besonders wichtig. Alle bisherigen Stufen haben Sie dahin gebracht, wo Sie jetzt sind, und Ihren Kunden zum Gespräch geführt.

Im Gespräch selbst – vor allem, wenn es um das Thema „Preise und Honorare" geht – können Sie einen Unterschied bei Ihren Stundensätzen, Tagessätzen oder auch Produkten herausholen, der sich sehen lassen kann.

Wenn Sie es durch geschickte Gesprächsführung und Preisverpackung schaffen, nur 100 € pro verrechenbaren Tag mehr herauszuholen (das wären ca. 10 € pro Stunde), und z. B. 100 verrechenbare Tage im Jahr haben, dann sprechen wir von immerhin 10.000 € pro Jahr.

Mit diesem Geld könnten Sie ein ganzes Jahr lang einen Mitarbeiter bezahlen, der Ihnen 10–15 Stunden Arbeit pro Woche abnimmt. Das ist sehr viel Zeit, die Sie wiederum dazu nutzen können, um AN Ihrem Unternehmen zu arbeiten.

Sie sind Verkäufer – nicht Dienstleister

Wenn ich Sie speziell in diesem Abschnitt als „Verkäufer" bezeichne (was bei manchen unter Ihnen vielleicht einen Aufschrei verursacht), dann mache ich das mit voller Absicht.

Wenn Sie ein Kundengespräch führen, um einen Auftrag zu bekommen, dann sind Sie Verkäufer. Dienstleister sind Sie erst dann wieder, wenn Sie mit bzw. für Ihren Klienten arbeiten.

Interessenten in Kunden verwandeln

Durch die Art und Weise, wie Sie das Kundengespräch führen, entscheidet sich jetzt allerdings, ob daraus auch ein Auftrag bzw. ein Geschäft für Sie wird. An dieser Stelle können Sie alles gewinnen und ebenso alles verlieren.

Ein Verkaufsgespräch professionell und erfolgreich führen zu können, gehört daher zu den wichtigsten Fähigkeiten, die Sie sich aneignen bzw. an denen Sie beständig arbeiten sollten.

Die Struktur Ihres professionellen Verkaufsgesprächs

Verkaufsgespräche, die Sie mit Ihren Kunden führen, laufen idealerweise immer nach derselben 5-stufigen Struktur ab.

1. Die Vorbereitung

Sie starten mit einer ordentlichen Vorbereitung auf das Gespräch. Diese sollte Informationen zum Unternehmen, aber auch zur Person des Kunden bzw. Interessenten umfassen. In der Vorbereitung notieren Sie sich Ihre konkreten Gesprächsziele und überlegen sich, wie Sie mit etwaigen Einwänden wie „zu teuer" (dazu später mehr) umgehen können.

Sie finden hier eine umfassende Vorbereitungscheckliste dafür https://www.romankmenta.com/ebdl-dienstleister-buch/.

Mit dieser bereiten Sie sich speziell auf Preisgespräche – einen der kniffligsten Teile des Verkaufsgespräches – vor. Wenn Sie nämlich darauf gut vorbereitet sind, dann sind Sie für das gesamte Gespräch bereits sehr gut gewappnet.

2. Gesprächseinstieg

Der häufigste Fehler: Viele Anbieter fallen mit der Tür ins Haus und starten ihr Kundengespräch gleich mit einer Präsentation ihres Angebotes oder ihres Unternehmens bzw. über sich selbst. Das kommt erst in Schritt 4. Ähnlich wie im Sport sollten Sie sich aufwärmen, bevor Sie losstarten.

Beginnen Sie das Gespräch auf der menschlichen Ebene. Machen Sie ein wenig Small Talk oder sprechen Sie ein Lob aus. Es geht noch nicht darum, irgendetwas zu verkaufen, sondern einfach nur darum, eine Beziehung herzustellen. Das ist die entscheidende Basis für alles, was danach folgt.

„Kunden kaufen am liebsten von sympathischen und kompetenten Verkäufern."

Im Gesprächseinstieg geht es ausschließlich darum, beim anderen anzudocken und dabei sympathisch sowie kompetent zu wirken.

3. Bedarfserhebung

Wenn Sie aufgewärmt sind und eine Beziehung zu Ihrem Gesprächspartner hergestellt haben, sollten Sie sich immer noch zurückhalten. Verlieren Sie nach wie vor kein Wort darüber, wie toll Ihr Unternehmen oder Ihr Angebot ist. Das interessiert Ihren Kunden an dieser Stelle noch herzlich wenig.

Zuerst müssen Sie herausfinden, was Ihren Kunden überhaupt interessiert – was seine Bedürfnisse, Probleme, Ängste und Sorgen sind. Und das verrät er Ihnen umso eher, je besser die Beziehungsebene ist, die Sie zuvor aufgebaut haben.

Stellen Sie eine Menge guter Fragen und hören Sie zu. Mehr gibt es in dieser Phase für Sie nicht zu tun. Wenn der Gesprächsanteil des Kunden bei 70 oder 80 % liegt, dann sind Sie auf dem richtigen Weg.

4. Präsentation

Erst jetzt können Sie etwas präsentieren: Ihr Unternehmen, Ihre Angebote und Produkte, eine konkrete Idee oder ein Konzept. Das hängt davon ab, worum es geht und in welcher Phase der Kundenbeziehung Sie sind. Ist es ein erstes Kennenlerngespräch oder aber eine Konzeptpräsentation?

Achtung: Auch wenn Sie den Gesprächspartner bereits kennen, dürfen Sie die Phasen 1 bis 3 nicht überspringen (aber diese können in dem Fall etwas kürzer ausfallen).

Was auch immer Sie präsentieren, es muss zu den Kundenbedürfnissen passen, die Sie in der Bedarfserhebung herausgefunden haben. Nutzen Sie dafür idealerweise verschiedene Medien und verpacken Sie Ihre Aussagen und Fakten in bildhafte Geschichten und Emotionen.

Preisgespräche

In dieser Phase könnte es auch zu Einwänden kommen. Das ist nicht schlimm, sondern zeigt, dass der Kunde sich mit dem, was Sie sagen, beschäftigt. Außerdem sind Sie ja – hoffentlich! – auf diese Einwände sehr gut vorbereitet.

Besonders Preiseinwände sind hier häufig anzutreffen. Der Kunde sagt „zu teuer" oder fragt nach einem Nachlass.

118 Antworten auf Preiseinwände

Wie Sie mit dieser Art von Einwänden umgehen, erfahren Sie im Buch „Zu teuer! – 118 Antworten auf Preiseinwände".

Dieses finden Sie hier als Taschenbuch oder Kindle:
https://amzn.to/2xFJ0WW

Umfassendere Verhandlungsstrategien – für alle, diejenigen, für die Preisverhandlung ein häufiges und gewichtiges Thema sind – finden sich im Buch „Smart Preise verhandeln".

Sie finden dieses Buch hier als Taschenbuch oder im Kindle Format.

https://amzn.to/32mufI4

Und nur so ein kleiner Tipp am Rande: Sollten vom Kunden keine Preiseinwände kommen, dann brauchen Sie das Thema „Nachlass" auch nicht anzusprechen. Ich erwähne es deshalb, weil ich genau das an der Stelle immer wieder erlebe.

5. Abschluss

Wenn Sie bis hierhin alles sauber durchgeführt und etwaige Einwände beantwortet bzw. aufgelöst haben, geht es jetzt nur noch darum, „den Sack zuzumachen" und sich das Ja des Kunden – und damit den Auftrag – zu holen.

Achten Sie auf Kaufsignale, insbesondere auf Detailfragen, die der Kunde stellt. Diese zeigen, dass der Kunde bereit ist zu kaufen. Sollte der Kunde nicht aus eigenem Antrieb sagen, dass er Ihr Angebot annimmt, dann fragen Sie ihn einfach danach.

Viele Verkäufer scheuen sich, diese Abschlussfragen zu stellen, aus Angst, ein Nein als Antwort zu erhalten. Doch ein Nein muss noch nicht das Ende bedeuten. Und selbst wenn, ist es besser, ein klares Nein zu erhalten, als aussichtslosen Projekten noch wochenlang nachzulaufen und letztlich gar keine Antwort mehr zu erhalten.

„Holen Sie sich Ihre NEINs ab.
Dort, wo diese sind, sind auch die JAs!"

Wie vorhin erwähnt, ist ein gewisses Maß an Absagen zwar im Einzelfall immer noch schmerzhaft, aber normal. Und je mehr Absagen Sie sich holen, desto mehr Zusagen erhalten Sie auch. Wenn Sie niemals Absagen erhalten, dann machen Sie entweder nichts oder Sie sind zu billig.

Übung macht den Meister

In den vorigen Levels 1–7 der Pyramide ging es vor allem darum, sich Dinge zu überlegen, gewisse Aktivitäten einmal durchzuführen, Prozesse zu installieren, Systeme und Abläufe einzurichten. Das Level 8 hat eine zusätzliche Herausforderung. Wissen allein macht Sie nicht erfolgreich. Zu wissen, wie Sie sich in Verkaufsgesprächen verhalten, ist einfach.

Doch erst die Umsetzung des Wissens in (potenziell stressigen) Verkaufsgesprächen bringt den Erfolg in Form von neuen Kunden und Aufträgen sowie höheren Honoraren und Preisen mit sich. Der Weg zum Ziel führt hierbei über viel Übung und viel Erfahrung.

Üben Sie bestimmte Sequenzen oder Formulierungen für sich allein und nehmen Sie sich idealerweise dabei auf (Sie werden beim Anschauen Überraschungen erleben). Für viele Gesprächssequenzen geht das gut.

Suchen Sie sich aber auch einen Sparringspartner oder holen Sie sich professionelle Unterstützung von einem Coach bzw. in einem Verkaufstraining.

Meine aktuellen öffentlichen Trainings finden Sie hier:
https://www.romankmenta.com/seminar/

Übung

Stellen und beantworten Sie sich folgende Fragen:

- Habe ich eine erprobte Gesprächsstruktur?
- Weiß ich, wo die entscheidenden Punkte in meinem Gesprächsablauf sind?
- Habe ich ausreichend Übung für meinen Gesprächsablauf bzw. wie schaffe ich es, mehr Übung zu bekommen?
- Weiß ich, wie ich gezielt und rasch eine gute Beziehungsebene zu meinem Gegenüber aufbaue?
- Bin ich auf Einwände – insbesondere auf Preiseinwände – meiner Gesprächspartner vorbereitet?
- Kann ich meine Gespräche in einem ausreichend hohen Prozentsatz in Abschlüsse und Aufträge verwandeln?

Zusätzliche Informationen zum Thema „persönlicher Verkauf"

- Kundenbedürfnisse – der Schlüssel zu mehr Umsatz
  https://www.romankmenta.com/kundenbeduerfnisse-kundenbedarf-kundenwunsch/
- Kundennutzen verkaufsstark formulieren
  https://www.romankmenta.com/kundennutzen/
- Abschlussquote steigern
  https://www.romankmenta.com/abschlussquote/
- Preisverhandlung – fragen statt argumentieren
  https://www.romankmenta.com/preisverhandlung-fragen/
- Preisgespräche vorbereiten
  https://www.romankmenta.com/im-preisgespraech-wird-kein-geld-verdient/
- Verhandeln mit Profi-Einkäufern
  https://www.romankmenta.com/verhandeln-mit-profi-einkaeufern/
- Einwandbehandlung – 118 Antworten auf Einwände
  https://www.romankmenta.com/einwandbehandlung-zu-teuer/

14.

So verwandeln Sie Ihr Wissen in Umsätze und Einkommen

Wenn Sie dieses Buch aufmerksam gelesen haben, sind Sie wahrscheinlich nach etwa 2 bis 3 Stunden hier am Ende angelangt. Ich hoffe, es waren viele spannende und gewinnbringende Ideen und Anregungen für Ihr Business dabei.

Doch wenn Sie das Buch jetzt einfach schließen, dann hat es Ihnen nichts gebracht außer vielleicht einen kleinen Zugewinn an Know-how. Was die Erreichung Ihrer Ziele, die Überwindung der nächsten Umsatzhürde und die Entwicklung Ihres Geschäftes betrifft, sind Sie jetzt nicht viel weiter als vorher. Das ist leider die harte Wahrheit.

Wenn Sie es allerdings wirklich ernst meinen und es Ihnen ein echtes Anliegen ist, Ihr Geschäft auf das nächste Level zu befördern und Ihre Ziele zu erreichen, dann finden Sie hier zwei Möglichkeiten, die nächsten Schritte zu setzen.

Eine erste, die Sie selbst tun können, und eine weitere, bei der ich Sie gerne unterstütze.

Möglichkeit 1 – Umsetzung der Aufgaben aus dem Buch

Das Buch versteht sich nicht nur als Lesebuch, sondern vor allem als Arbeitsunterlage. Folgende Dinge können Sie selbst jetzt gleich umsetzen:

Die interessantesten Ideen festhalten und umsetzen

Sollten Sie – wie zu Beginn empfohlen – die spannendsten Ideen aus diesem Buch für Ihr Business noch nicht markiert bzw. festgehalten haben, gehen Sie das Buch nochmals durch (ein Schnelldurchlauf sollte genügen) und markieren Sie die wichtigsten Stellen.

Sie könnten sich für diese Ideensammlung auch eine Liste anlegen, in der Sie die jeweilige Idee als konkrete Aufgabe eintragen, vermerken, woher genau diese Idee stammt (Buch und Seite), und jede Idee bewerten. Vergeben Sie Punkte für:

- Potenzial – Wie viel bringt Ihnen die Umsetzung für Ihr Business? Bewerten Sie von 1 (ein wenig) bis 10 (sehr viel).

- Einfachheit – Wie aufwendig bzw. teuer ist die Umsetzung? Bewerten Sie von 1 (sehr aufwendig) bis 10 (sehr einfach).

Wenn Sie diese beiden Zahlen multiplizieren, dann erhalten Sie eine erste Idee davon, welche die wichtigsten Punkte sind, die Sie umsetzen sollten.

Holen Sie sich die zusätzlichen Materialien

Besuchen Sie sich den Leserbereich unter https://www.romankmenta.com/ebdl-dienstleister-buch/

(falls Sie das nicht ohnehin bereits getan haben) und holen Sie sich die zusätzlichen Informationen und Tools. Sie werden zu allen Stufen der Pyramide viel Interessantes und vor allem Hilfreiches finden.

Sie erhalten dort eine Menge praktischer Ideen und Tipps für die Entwicklung Ihres Geschäftes und die deutliche Erhöhung Ihres Einkommens. Vertiefen Sie sich vor allem in jene Bereiche/Levels, wo Sie für sich und Ihr Business den größten Handlungsbedarf sehen.

Selbstcoaching und Reflexion

Vor allem aber: Nehmen Sie sich die Zeit und beantworten Sie sämtliche Coaching-Fragen in diesem Buch. Je ausführlicher Sie das machen, desto besser. Das wird Sie einige Zeit beschäftigen, ist aber die Investition definitiv wert. Die Antworten, die Sie erhalten, sind extrem wertvoll für die Arbeit AN Ihrem Business. Ich verspreche Ihnen: Wenn Sie allein das tun, werden Sie einen Riesenschritt nach vorne machen.

Möglichkeit 2 – „Ein Business, das läuft"- Unternehmerprogramm

Wenn Sie all das nicht allein machen wollen, sondern aus Erfahrung wissen, dass Sie schneller voran- und weiterkommen, wenn Sie mit den richtigen Menschen in Kontakt sind, die Ihnen mit Rat und Tat zur Seite stehen, dann könnte Sie das Folgende interessieren.

Im Rahmen der „Ein Business, das läuft" Unternehmer- programme biete ich verschiedene Varianten an, wie ich Sie bei der Entwicklung Ihres Geschäftes unterstützen kann. Sie holen mich damit sozusagen in Ihr Team und ich begleite Sie über einen gewissen Zeitraum hinweg als Coach, Berater oder Sparringpartner in Ihrer unternehme- rischen Entwicklung.

Hier erfahren Sie mehr dazu.

https://einbusinessdaslaeuft.com/angebot-ebdl/

Fragen? Kontaktieren Sie uns!

Wenn Sie Fragen zu der einen oder anderen Option haben, dann senden Sie uns ein E-Mail mit Ihren

Kontaktdaten an service@romankmenta.com. Wir melden uns bei Ihnen und stehen Ihnen gerne für weitere Informationen zur Verfügung.

Treffen Sie eine Entscheidung

Aber für welche Option Sie sich auch entscheiden, das Wichtigste ist: Treffen Sie eine Entscheidung und lassen Sie Handlungen folgen.

Bekennen Sie sich zu Ihren Zielen und versprechen Sie sich selbst, alles Notwendige zu tun, um voranzukommen. Sie haben es sich verdient, Ihre Potenziale auszuschöpfen, anstatt nur an deren Oberfläche zu kratzen. Sie haben es verdient, geschäftlich richtig erfolgreich zu sein, anstatt nur zu überleben.

Dabei ist es gar nicht so wichtig, welche Entscheidung Sie treffen. Viel wichtiger ist, dass Sie diese mit Kraft treffen und dahinterstehen.

„Gute Entscheidungen
werden mit Kraft getroffen!"

Ich sage das deshalb so deutlich, weil mir einfach zu viele Menschen begegnen, die bedauerlicherweise über diesen Punkt nicht hinauskommen. Mir ist es ein großes Anliegen, dass Sie nicht zu diesen gehören.

Entscheidungen zügig zu treffen, dabei zu bleiben und diese dann umzusetzen ist eine wesentliche Fähigkeit aller erfolgreichen Menschen und eine unabdingbare auf dem Weg zum nächsten Level.

Viel Erfolg dabei!

Über den Autor

Foto: Matern, Wien

Marketingexperte Roman Kmenta ist seit mehr als 30 Jahren als Unternehmer, Keynote Speaker und Bestsellerautor international tätig. Der Betriebswirt stellt seine langjährige intensive Marketing- und Verkaufserfahrung im B2B- wie auch im B2C-Bereich heute über 100 der Top unternehmen in Deutschland, der Schweiz und Österreich zur Verfügung.

Sein Schwerpunkt liegt dabei auf der Erzielung von mehr Gewinn und höheren Deckungsbeiträgen im Vertrieb.

Mehr als 25 000 Menschen lesen seinen wöchentlichen Blog bzw. hören seinen Podcast. Mit seinen Vorträgen gibt er Verkäufern, Führungskräften und Unternehmern Denkanstöße zum Thema „Preis" und setzt bei seinen Zuhörern Impulse in Richtung eines wertorientierten Verkaufs- und Marketingansatzes.

www.romankmenta.com

Vom selbstständigen Dienstleister zum erfolgreichen Unternehmer

Viele Selbstständige arbeiten zu viel und verdienen zu wenig. Sie befinden sich in einem Hamsterrad, das sie sich selbst geschaffen haben, und versuchen diesem zu entkommen, indem sie schneller laufen. Doch das funktioniert nicht. Burnout statt mehr Erfolg ist oft das Resultat.

Die Lösung heißt nicht schneller, sondern größer. Wachstum ist angesagt. Doch damit das Unternehmen wachsen kann, muss zuerst der Unternehmer wachsen und sich verändern und vom Jobbesitzer zum echten Unternehmer werden.

Hier bestellen >> https://amzn.to/3n9k95P
Als Amazon-Partner verdiene ich an qualifizierten Verkäufen.

Die Schritt für Schritt Anleitung für Ihre perfekte Positionierung und über 500 Ideen für optimale Alleinstellungsmerkmale

„Positionierung und USP sind oft die Achillesferse von Selbstständigen und Verkäufern. Roman Kmenta gibt sehr praxisnahe Schritt-für-Schritt-Anleitungen zur Umsetzung. Er verschweigt nicht, dass Positionierung und USP oft kreative Prozesse sind, die auch mal etwas dauern können. Zur Hilfe gibt er mehr als 500 USPs aus der Praxis, um diesen Prozess für jedermann kreativ, sicher und einfach zu machen!"

Mario Büsdorf, Business Profiler
www.mario-buesdorf.de

Hier bestellen >> https://amzn.to/2KoBy8T
Als Amazon-Partner verdiene ich an qualifizierten Verkäufen.

Kreative Ideen statt ruinöse Preiskämpfe – Ein Buch für Business Querdenker auf der Such nach neuen Wegen

„Endlich sagt mir mal jemand aus seinem berufenen Munde – populärwissenschaftlich fundiert sowie gut zu lesen und zu verdauen –, was beim Thema „seinen Preis wert sein" wirklich Sache ist. Ansprechendes Cover, flott geschrieben, inhaltsstark. So darf's ja sein. Lesen!"

Jon Christoph Berndt

Hier bestellen >>https://amzn.to/2I6gRjW
Als Amazon-Partner verdiene ich an qualifizierten Verkäufen.

Printed in Poland
by Amazon Fulfillment
Poland Sp. z o.o., Wrocław

35641088R00081